はじめてさんの
お料理レッスン

しっかりマスター
基本の和食

石澤清美・著

ナツメ社

Contents

Part 1 料理をはじめる前に

- 8 調理道具の選び方
- 12 材料のはかり方とめやす量
- 14 基本の切り方
  - 短冊切り／輪切り
  - 半月切り／いちょう切り
  - 15 小口切り／斜め切り
  - ぶつ切り／くし形切り
  - 16 細切り／ざく切り／そぎ切り
  - 17 針切り／せん切り
  - 18 乱切り／みじん切り
  - 19 手で割る／ささがき／小房に分ける／手でさく
  - 19 下ごしらえの基本
  - 21 野菜の下ごしらえ
  - 21 肉や魚の下ごしらえ
- 21 そのほかの食材の下ごしらえ
- 22 レシピに出てくることばとコツ
- 22 焼く・炒める
- 24 煮る
- 25 ゆでる
- 26 揚げる
- 27 あえる・蒸す
- 28 米の洗い方・炊き方の基本
- 30 基本のだしのとり方
- 32 基本の調味料

Part 2 しっかりマスター 魚介の料理

- 34 あじのたたき&かつおのたたき
- 38 かじきの照り焼き 甘酢しょうが添え
- 41 アレンジ さわらの幽庵焼き
- 42 かれいの煮つけ
- 44 さばのみそ煮
- 46 豆あじの南蛮漬け
- 50 たらのちり蒸し
- 53 アレンジ かぶら蒸し
- 54 ぶり大根
- 58 魚の粕漬け焼き&塩焼き
- 62 つみれ煮
- 63 アレンジ いわしの蒲焼き
- 66 いかの酢みそ&かきのおろし酢
- 70 盛りつけのきまりごと

Part 3 しっかりマスター 肉の料理

- 72 鶏の竜田揚げ
- 75 アレンジ 鶏胸肉の利久揚げ
- 76 牛肉の八幡巻き
- 80 豚の角煮
- 82 煮豚ととろとろ煮卵
- 84 筑前煮
- 87 アレンジ 治部煮
- 88 しいたけつくね焼き
- 91 のしみそ
- 91 アレンジ のし鶏
- 95 牛肉のしぐれ煮
- 96 器の正面の見分け方 その1

Part 4 しっかりマスター 野菜の料理

- 98 精進揚げ
- 102 たけのこの土佐煮
- 105 たけのこご飯 ［アレンジ］
- 106 かぼちゃの煮物＆かぶの含め煮
- 110 里いもとたこの煮物
- 112 豚じゃが
- 114 酢の物2種
  きゅうりの酢の物／アスパラガスの焼きびたし
- 118 ごぼうの柳川風＆にら玉とじ
- 122 あえもの3種
  菜の花のおひたし／いんげんのごまあえ／三つ葉のわさびあえ
- 126 なすの揚げびたし＆鍋しぎ
- 130 きんぴら2種
- 134 器の正面の見分け方 その2
  れんこんのきんぴら／うどのきんぴら

Part 5 しっかりマスター 卵・豆腐・乾物の料理

- 136 茶わん蒸し
- 140 う巻き玉子＆厚焼き玉子
- 144 炒り豆腐＆ほうれんそうの白あえ
- 148 がんもどき
- 151 揚げ出し豆腐 ［アレンジ］
- 152 卵の花
- 154 切り干し大根と打ち豆の煮物
- 156 五目豆
- 160 和食器の手入れ法

Part 6 しっかりマスター ご飯・汁物・鍋料理

- 162 五目炊き込みご飯
- 165 赤飯 アレンジ
- 166 ちらし寿司と潮汁
- 170 みそ汁2種
  いりこだしのみそ汁／かつおだしのみそ汁
- 174 おでん
- 178 寄せ鍋
- 182 おせち料理
- 184 田作り／数の子
- 185 昆布巻き
- 186 えびの鬼殻焼き／菊花かぶ
- 187 黒豆の含め煮／なます
- 188 伊達巻き
- 189 栗きんとん
- 190 たたきごぼう／筑前煮
- 191 くわいの含め煮

本書のきまり
- 小さじは5㎖、大さじは15㎖、1カップは200㎖、1合は180㎖です。
- 材料は2人分を基本に表示していますが、中には作りやすい分量で表示してあるものもあります。
- 各料理に表示されているエネルギー量は1人分のめやす量です。

本書の見方

本書では、家庭で作れる和食のメニューの作り方をていねいに紹介しています。
材料は2人分（料理によっては作りやすい分量）です。

たれの甘さなど、レシピを調節した場合は、ここに書き込んでおくと、もう一度作るときに便利。

材料を選ぶときのポイントを紹介。

完成の写真、材料、このメニューに関するよくある疑問やコツなどを紹介しています。

難易度は、★、★★、★★★の3段階です。

調理時間は、材料をそろえてから調理しはじめて、完成するまでのめやす時間です。

1人分のエネルギー量です。

フライパン、鍋、グリルなど、おもに使う調理道具です。

作り方を、ひとつひとつ手順を追って紹介します。火加減や加える調味料の分量もわかりやすく表記しました。

Point
特に気をつけたいことを、や、コツを紹介。

調味料を加えるところには、分量も表記しています。

Arrange
簡単に作れるアレンジメニューも紹介しています。

ココがポイント
この料理を作るときの注意点やコツを紹介しています。

火加減のめやすを表しています。
🔥が弱火、🔥🔥が中火、🔥🔥🔥が強火です。

料理を
はじめる前に

料理をはじめる前に、そろえておきたい調理道具や

材料のはかり方、切り方、下ごしらえの仕方などをまとめました。

どんな料理を作るときも、基本は同じ。

レシピに出てくることばやコツを、ここで確認しておきましょう。

調理道具の選び方

料理を作るときに必要な道具と選ぶときのポイントを紹介します。

Part 1 料理をはじめる前に

切る道具

刃渡り 18～20cm

万能包丁
最初の1本として選ぶなら、野菜も肉も魚も切れる一般的な万能包丁がおすすめ。刃渡り18～20cmくらいの手になじむもので、持ったときに軽すぎず重すぎない適度な重さのあるものを選びましょう。洗いやすさやさびにくさなど、手入れのラクなものがよいでしょう。

プラスチック製　　木製

出刃包丁
魚の頭を切り落としたり厚い肉を切ったりするときは、刃が厚く、力が入りやすい出刃包丁があると便利。

まな板
選ぶときのポイントは、まず安定感。ある程度厚みがあり、どっしりとしたものを選ぶと作業がしやすく安全です。材質は木製、プラスチック製などさまざまありますが、包丁があたったときに、すべりにくいものがよいでしょう。洗いやすさ、乾きやすさも衛生的に保つために大切なポイントです。

ピーラー
にんじんやアスパラガスなど、野菜の皮をむくときにあると便利な道具。刃の部分がさびにくい材質で、にぎりやすいものを選びましょう。

調理道具

菜箸
調理中に食材を動かしたり、持ち上げたり、盛りつけたりするときに使います。揚げ物や炒め物などの加熱調理のときは、ある程度長さがあるものを選びましょう。

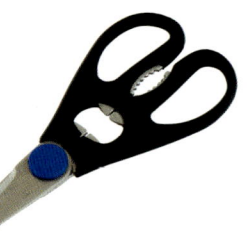

キッチンばさみ
昆布やのり、カニの殻など、包丁では切りにくいものを切るときに使います。必ず必要というものではありませんが、食材用に一つ用意しておくと便利。選ぶときは、力が入りやすいデザインで、洗ってもさびにくい材質のものを。

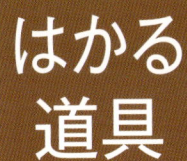

はかる道具

はかり
食材の重量をはかるときに使います。料理の場合、食材の分量を厳密にはかる必要はありませんが、めやす量を知るうえで、あると便利。選ぶときは目盛りが見やすく、容器の重量を差し引く機能がついているものがおすすめです。

計量カップ
おもに液体をはかるときに使うもので、レシピ内の1カップは200mlです。材質はステンレス製、プラスチック製、耐熱ガラス製などさまざまありますが、電子レンジで加熱できる耐熱ガラス製のものがおすすめ。

計量スプーン
調味料などの分量をはかるときに使うもので、レシピ内の大さじ1は15ml、小さじ1は5mlです。大さじ、小さじだけでなく、小さじ½(2.5ml)もセットになっているものを選ぶと便利です。

網じゃくし
加熱調理中に食材から出たアクをとるときに使います。選ぶときは耐熱性にすぐれた材質で、網目の細かいものを選びましょう。

玉じゃくし
煮物や汁物をすくうときに使います。玉じゃくし1杯分の分量が、どれくらいになるかを覚えておくと便利です。

フライ返し
調理中に食材を裏返すときに使います。選ぶときは、先端が薄くて弾力性があり、耐熱性にすぐれた材質のものを選びましょう。

ゴムべら
ゴムの弾力性を生かして、みそだれを混ぜ合わせたり、ソースを混ぜ合わせたりするときに便利。加熱しながらも使える耐熱性にすぐれた材質のものを選びましょう。

木べら
いくつかの食材を炒め合わせたり、食材をくずさないように炒めたりするときに便利な道具。柄が長く、先端が薄いものを選ぶとよいでしょう。

泡立て器
和食では大きな泡立て器はあまり使いません。調味料を合わせるときに、小さいものがあると便利です。

調理道具

ボウル
直径20cm前後の大きなもの、直径15cm前後の小さなものを2～3個そろえておくとよいでしょう。材質はステンレス製、プラスチック製、耐熱ガラス製などさまざまありますが、熱伝導率がよく、持ったときにも軽いステンレス製が使いやすいでしょう。電子レンジでそのまま加熱できる耐熱ガラス製も一つ持っていると便利です。

ざる
食材の水気をきったり、だし汁をこしたりするときに使います。水きり用に足がついており、熱いものをこすときに便利な持ち手のあるデザインがおすすめ。ボウルの大きさに合わせて、大小あると便利です。熱に強く、手入れがラクな材質で、編み目がしっかりしているものを選びましょう。

バット
切った食材を入れておいたり、ころもをつけたりするときにあると便利な道具。材質は軽くて熱に強いステンレス製や、やや重いが熱にも酸にも強いホウロウ製がおすすめ。大きさの異なるものがいくつかあるとよいでしょう。

盆ざる
ゆでた野菜を平らに広げて冷ましたいときなどは、盆ざるが便利。竹製のものは金臭さがつかないのが利点。洗ったあと、しっかり乾燥させて衛生的に保つのがポイント。

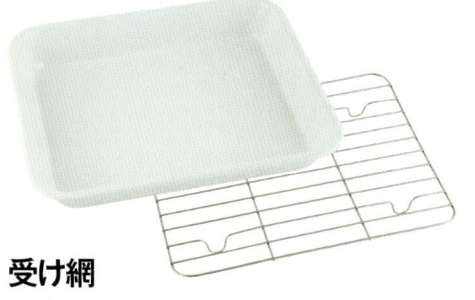

受け網
揚げ物などを取り出すときに使います。バットの大きさに合わせて用意しておくと使いやすいでしょう。

おろし器
大根や山いもなど、食材をすりおろすときに使います。トレー状のものやスライサーとセットになったものなどがありますが、裏にすべり止めがついていて、安定感があるものを選びましょう。

巻きす
のり巻きを作ったり、厚焼き玉子の形をととのえたりするときに使います。竹製ものが使いやすく、洗ったあとはしっかり乾かすのがポイント。

すり鉢
ごまあえを作ったり、豆腐の白あえを作ったりするときに使います。直径24cm前後の大きさのものを選ぶと使いやすいでしょう。ごまをするだけの直径10cm前後の小さなものもあると便利です。

盤台（ばんだい）
すし飯や混ぜご飯を作るときにあると便利。炊きたてのご飯を盤台に移し、適度に水分を飛ばしながら調味料や具を混ぜ合わせることができます。選ぶときは2合以上のご飯が入る大きさのものを。使い終わったら、きれいに洗いしっかり乾燥させましょう。

Part 1 料理をはじめる前に

片手鍋

食材を炒めながら煮たり、だし汁をこしたりするときは、片手鍋が便利です。片手鍋の場合は、中に食材や水が入っても持てる重さのものを選ぶとよいでしょう。

鍋

食材をゆでたり煮たりと、調理に欠かせない鍋。直径20〜22cmの大きめの鍋と、直径12〜14cmの小鍋など、合わせて2〜3つはそろえておきましょう。材質はアルミ、ステンレス、鉄、銅、ホウロウなどさまざまありますが、熱が均一に伝わるもので、ふたつきのものを選びましょう。形は片手鍋でも両手鍋でもどちらでも構いません。用途に合わせて選びましょう。

両手鍋

じっくり煮込む料理には、ふたが重い密閉性の高い鍋がおすすめ。鍋自体も重たくなるので、両手鍋がよいでしょう。片手鍋のように持ち手がないので、収納するときに場所をとらないのも利点です。

蒸し器

茶わん蒸しやちり蒸しなどの蒸し料理に使います。2段になった下で湯を沸かし、その蒸気で上の段の食材を蒸します。

簡易蒸し器

ふたつきの鍋の中に入れて使う便利な道具。

落としぶた

煮物を作るときなど、煮汁が均等にまわるようにするためのふた。鍋の直径よりもひとまわり小さいもので、耐熱性にすぐれたものを選びましょう。アルミホイルを鍋の直径に合わせて切ったものでも代用できます。

フライパン

直径22〜26cmの大きさと18〜20cmのミニサイズがあると便利です。材質は鉄やアルミなどさまざまありますが、表面に食材がくっつきにくい加工がしてあるものが使いやすいでしょう。

直径22〜26cmの大きめのフライパンは、揚げ物にも使えるように、ある程度深さのあるものを選んでおくと便利。また、蒸し焼きにするときのために、フライパンの直径に合わせてふたを用意しておくとよいでしょう。

卵焼き器

厚焼き玉子やだし巻き玉子を作るときに便利なのが、四角い形の卵焼き器です。熱が均等に伝わり、表面に食材がくっつきにくい加工が施されているものがおすすめ。

焼き網

野菜や魚を焼くときにあると便利。網に火が直接あたらないものを選ぶと、「強火の遠火」(22ページ参照)ができます。

直径18〜20cmのミニフライパンは、少量の食材をゆでたり炒めたりするときに便利です。

材料のはかり方とめやす量

料理をはじめる前に、材料のはかり方とめやす量を確認しましょう。

Part 1 料理をはじめる前に

はかり方

計量カップ

レシピ内で1カップと表記されている場合は200mℓのこと。米をはかるときに用いる1合カップは180mℓなので、混同しないように注意しましょう。

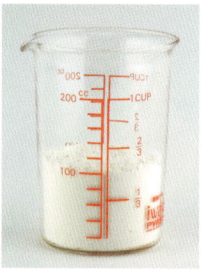

計量カップではかるときは液体でも粉類でも、カップを水平なところに置き、目盛りの高さに目線を合わせてはかります。

はかり

レシピで材料のめやす量がgで表記されているときは、はかりを使って確認します。粉類など直接のせられないものをはかるときには、容器の重量を差し引くのを忘れずに。

COLUMN

15mℓは15gと同じではない?!　容量と重量の違い

計量カップではかったときの単位のmℓは容量（かさ）の単位で、はかりではかったときの単位のgは重量（重さ）の単位。水の場合は15mℓ＝15gですが、すべてが同じではありません。
たとえば、しょうゆ15mℓは18g、上白糖15mℓは9gです。容量（mℓ）と重量（g）を混同しないように気をつけましょう。ちなみにmℓとccはどちらも容量の単位で、すべて15mℓ＝15ccです。

大さじ、小さじ

調味料などの分量を表す大さじ・小さじは、計量スプーンを使用しています。大さじ1は15mℓ、小さじ1は5mℓです。

■ **大さじ1／小さじ1**

液体は計量スプーンの表面ギリギリ、少し盛り上がるくらいまで注いではかります。

粉類は計量スプーンですくい、スプーンの柄などで表面を平らにしてはかります。押しつけてはかると分量が変わるので気をつけましょう。

■ **大さじ½／小さじ½**

液体はスプーンの深さ7分目くらいまでの分量。

粉類は、すりきってからスプーンの柄などで半分を落とします。

目安量

■材料の単位
料理の場合、厳密に食材の分量をはからなくても味に問題がないことが多いですが、エネルギー計算をするときや食事制限を行う場合は、材料1単位のめやす量を知っておくと便利です。

※食品のめやす量は、文部科学省が公表している『五訂増補日本食品標準成分表』を参考にしています。

■1丁
豆腐1丁は300g。ただし、最近の豆腐は1丁といっても大きさや形がさまざまなので確認してください。

■1パック
えのきたけやしめじの1パック(袋)は100gがめやすです。

■1かけ（1片）
にんにくやしょうがの分量を表す「1かけ」は、だいたい親指の第1関節分くらいの大きさ（約10g）を示しています。にんにくは1個が6～8のりん片で構成されているので、「1片」と表すこともあります。

■1束
小松菜やほうれんそうなどは1束300g、にらは1束（1わ）100gがめやすです。

手ばかり
レシピには、計量スプーンや計量カップを使わずに、手ではかるめやす量が記されている場合もあります。

■少々
親指、人さし指の2本でかるくつまんだ分量。小さじ1/4くらいです。

■ひとつまみ
親指、人さし指、中指の3本でかるくつまんだ分量。小さじ1/2くらいです。

おもな野菜の1単位あたりのめやす量

にんじん 中1本	200g
玉ねぎ 中1個	200g
じゃがいも 中1個	150g
ピーマン 中1個	40g
なす 1本	70g
大根 中1本	800g
れんこん 1節	200g
ごぼう 1本	200g
にら 1束	100g
春菊 1束	200g

おもな調味料の大さじ1（15mℓ）のg数（重量）

水・酢・酒	15g
食塩・しょうゆ・みりん・みそ	18g
油・マヨネーズ・バター	12g
上白糖・片栗粉・小麦粉	9g
粉チーズ	6g
パン粉	3g

基本の切り方

レシピに出てくる基本的な切り方を紹介します。食材の切り方によって、見ためだけでなく火の通り方も違ってきます。

Part 1 料理をはじめる前に

輪切り

にんじん、ごぼうなど

皮をむくものはむき、丸い形を生かして端から厚みをそろえて切る。

半月切り

にんじん、大根など

1 円筒形の食材を縦半分に切る

2 切り口を下にして端から厚みをそろえて切る。

いちょう切り

にんじん、大根など

半月切り同様に円筒形の食材を縦半分に切り、切り口を下にしてさらに縦半分に切ってから、端から厚みをそろえて切る。

短冊切り

にんじん、大根など

1 食材を長さ4～5cmに切り、端から厚さ1cmくらいに縦に切る。

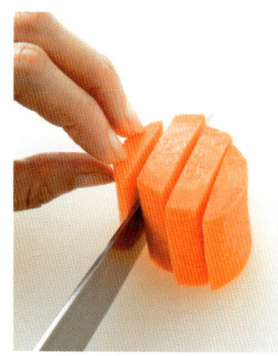

2 切り口を下にして、繊維にそって薄切にする。

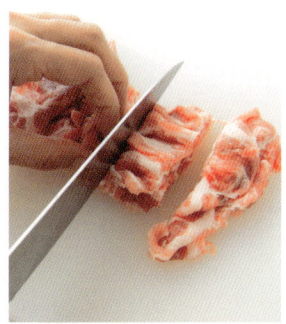

ぶつ切り

肉や魚、長ねぎなど

食材を食べやすい大きさに切る。

小口切り

きゅうり、長ねぎ、万能ねぎ、ごぼうなど

細長い食材を一定の厚さに切る。

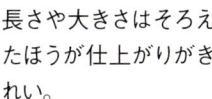

長さや大きさはそろえたほうが仕上がりがきれい。

万能ねぎやごぼうなど、長さのあるものは2〜3等分に切ってから、そろえて切る。

ざく切り

キャベツ、白菜など

白菜やキャベツなどの大きな葉ものを、ざくざくと一口大に切る。

斜め切り

きゅうり、長ねぎ、ごぼうなど

細長い食材を斜めに厚みをそろえて切る。

そぎ切り

肉、魚など

厚みのある食材に、包丁を寝かせるように入れ、薄くそぐように切る。

Point ▶▶
繊維や筋を断ち切るようにすると、やわらかく仕上がる。

くし形切り

玉ねぎ、トマト、かぶなど

球形の食材を放射状に等分に切る。

せん切り
キャベツの場合

1 かたい芯の部分は取り除く。

2 葉を重ねて丸める。

3 端から繊維にそって細切りにする。

Point ▶▶ 繊維にそって切ると、シャキシャキに、繊維を断ち切るように切ると、やわらかいせん切りになる。

せん切り
長ねぎの場合（白髪ねぎ）

1 4～5cm長さに切って、真ん中の青い部分は取り除く。

2 平らにのばし、繊維にそって端から細切りにする。

Point ▶▶ 白髪ねぎにするときは、水に放し、シャキッとさせる。

細切りその1
きゅうり、大根、ごぼう、にんじんなど

1 食材を長さ4～5cmに切り、縦に薄切りにする。

2 薄切りにした食材を重ね、繊維にそって細切りにする。

Point ▶▶ 繊維にそって切ると、歯ざわりが残り、シャキシャキとした食感が楽しめる。

細切りその2
きゅうり、大根など

1 食材を斜め薄切り（または輪切り）にする。

2 薄切りにした材料を重ね、端から薄切りにする。

Point ▶▶ 斜め薄切りにすると、繊維が適度に断ち切られるのでやわらかく仕上がる。完全に繊維を断ち切ってやわらかく仕上げたければ、輪切りにしてから細切りに（大根など）。

Part 1 料理をはじめる前に

みじん切り
長ねぎの場合 その1

1 長ねぎに縦に5〜6本切り込みを入れる。

2 端から薄切りにする。

Point ▶▶ 和食の繊細な味わいを楽しむときには、ねぎの香りが立たない、この切り方に。

みじん切り
長ねぎの場合 その2

1 長ねぎに斜めに切り込みを入れる。

2 裏返して、同様に斜めに切り込みを入れる。

3 端から薄切りにする。

Point ▶▶ 中華料理など、ねぎの香りを強く出したいときには、斜めに切ってから繊維を断ち切る、この切り方がおすすめ。

針切り
しょうがの場合（針しょうが）

1 しょうがは皮をむき、斜め薄切りにする。

2 薄切りにしたものを重ね、針のように細く切る。

3 水に放し、アクをぬく。

みじん切り
玉ねぎの場合

1 縦半分に切り、根元を切り離さないように気をつけながら、縦横に切り目を入れる。

2 切り目と直角に包丁を入れ、端から薄切りにする。

小房に分ける
ブロッコリー、カリフラワーなど

1 房状になっている食材を、食べやすい小さな房単位に切り分ける。

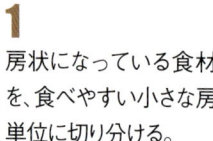

2 大きな房は、包丁で途中まで切り込みを入れ、手でさく。

Point ▶▶ 全部を包丁で切ると花の部分がポロポロになるので、手でさく。

手で割る
白菜、チンゲン菜など

白菜やチンゲン菜などは、葉までを包丁で切らずに、軸の部分の途中まで切り込みを入れ、手で割るようにして分けるとバラバラにならない。

手でさく
しいたけの軸、エリンギなど

きのこ類などの香りのよい食材は、包丁で切るよりも手でさくほうが香りが出る。

乱切り
ごぼう、にんじん、れんこんなど

細長い食材をまず斜めに切り、切り口がつねに上になるように回しながら斜めに切る。

Point ▶▶ 断面が多く、切り口が大きくなるので、火の通りがよくなる。煮物のときの切り方。

れんこんなど太い食材のときは、縦半分や4つ割りにしてから、回しながら斜めに切るとよい。

ささがき
ごぼう、にんじんなど

1 細長い食材に縦に切り込みを入れる。

2 鉛筆を削るように、回しながら薄く削る。

Point ▶▶ ごぼうの場合は、切ったそばから水にくぐらせ、切り終えたらざるに上げて水気をきる。

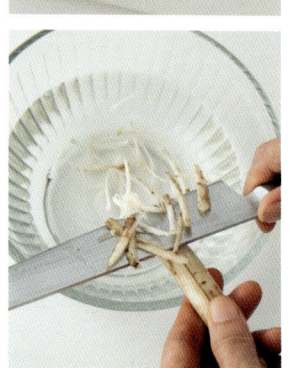

Part 1 料理をはじめる前に

野菜の下ごしらえ

下ごしらえの基本

食材をおいしく調理するには、調理前の下ごしらえも重要です。

■ 湯むきする

トマトのように皮がとても薄いものは、湯むきをするときれいにむけます。

トマトの湯むき

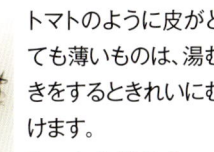

1 トマトのヘタをくり抜く。

2 ヘタの反対側に、十字に切り込みを入れる。

3 熱湯に30秒くらいつける。

4 冷水にとると、ひび割れてくる。

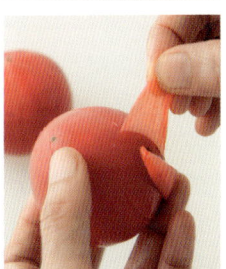

5 ひび割れたところから、皮をむく。

■ 皮をむく

野菜の皮はしっかり洗えばむかなくてもいい場合もありますが、皮をむくと、口当たりや色をよくしたり、味をしっかりしみ込ませたりする効果が。

包丁やピーラーでむく。
大根、にんじん、じゃがいも、れんこんなど

包丁の背でこするようにして、こそげ取る。
ごぼう、里いもなど

■ ヘタ、種、ワタをとる

野菜によっては口当たりが悪くなる、ヘタ、種、ワタなどを取り除きます。

種とワタ
大きな種や口当たりが悪くなるワタの部分は取り除く。
かぼちゃ、冬瓜、ゴーヤなど

ヘタ
ヘタや種の部分は口当たりが悪いので、取り除く。
ピーマン、なす、トマトなど

■ 水にさらす

切った野菜を水にさらしたり、つけたりすると、いろいろな効果があります。

余分なデンプン質を除く。
さつまいも、じゃがいも、里いもなど

黒ずみを防ぐ、アクをとる。
ごぼう、れんこん、なすなど

独特の臭いや辛みをとる。
玉ねぎ、長ねぎなど

シャキッとさせる。
せん切りにしたキャベツ、葉もの野菜、もやしなど

■ 筋をとる

野菜のかたい筋（繊維）は、火を通してもやわらかくならないので、調理前に取り除いておきましょう。

ヘタを折り、さやの方向に引くようにして筋をとる。
絹さや、スナップえんどうなど

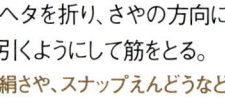

茎の上のほうに包丁を浅く入れ、手前に引くようにしながら筋をとる。
セロリ

■ 石づきをとる

石づきの部分は調理してもかたいままで食感が悪く、おいしくないので取り除きます。

しいたけやしめじは軸の先端1cmぐらいを、えのきたけは根元から2cmぐらいを切り落とす。まいたけやエリンギは、すでに石づきが取り除かれているので、そのまま使う。

■ 芽をとる

じゃがいもの芽にはソラニンという有毒成分があるので、包丁の角を使ってしっかり取り除きましょう。

COLUMN

口当たりの悪さも、野菜嫌いの原因に

野菜が嫌いな理由としては、味や香りなどが苦手というもののほかに、口当たりや舌ざわりの悪さも考えられます。ゆでてもやわらかくならない筋などが残っていたり、皮や種が残っていたりすると、おいしさが半減してしまうので、しっかり取り除きましょう。

Part 1 料理をはじめる前に

■ 背ワタをとる

えびの背ワタは臭みや苦みの原因になるので、必ず取り除きましょう。とり方は料理に合わせて選ぶとよいでしょう。

殻がついた状態で、第3関節のところに楊枝をさして背ワタをとる。

背に切り込みを入れて背ワタをとる。

■ 砂出しする

貝類の砂出しは、海水くらいの塩水（1〜3%の濃度）に3時間ほどつけて、やや暗めのところにおいておきます。
塩水は貝類が少し出るくらいでOK。貝が水を吐き出すので、ふたをずらしてかぶせておくとよい。

そのほかの食材の下ごしらえ

■ 熱湯を回しかける

油揚げや厚揚げ、さつま揚げなどは、調理前に熱湯を回しかけ、余分な油を取り除いておきましょう。

■ 下ゆでする

こんにゃくや糸こんにゃくは、水から入れて火にかけ、さっとゆでておくと、独特の臭みが取り除けます。

肉や魚の下ごしらえ

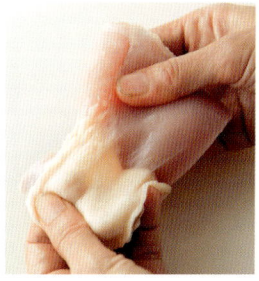

■ 余分な脂肪をとる

鶏肉の皮や黄色くなった余分な脂肪は、味をよくするためにも取り除いておきましょう。

鶏の皮は煮物などのときには、とったほうが味わいがすっきりする。

黄色い脂肪は臭みの原因になるので取り除く。

■ 筋を切る

肉の筋は加熱すると縮んで肉が丸まるので、あらかじめ数カ所切っておきましょう。

脂肪と赤身の境目に数カ所切り込みを入れる。

■ 水気をふく

切り身魚を調理するときは、水気をしっかりふき取っておくと臭みもいっしょにとれます。

■ 霜降りにする

魚などに熱湯を回しかけることで、余分な脂を取り除きます。表面がほんのり白くなる程度でOKです。

レシピに出てくることばとコツ

レシピに出てくることばがわかると、調理のタイミングやコツがつかめるようになります。

Part 1 料理をはじめる前に

焼く・炒める

■ フライパンに油を熱し〜

食材を焼いたり炒めたりするときは、フライパンに油を入れて火にかけ、全体に均等に熱が伝わるようにします。食材を入れるタイミングは、油がサラッとしてきてなじんだとき。くれぐれも煙が出るような熱しすぎには注意しましょう。

■ 網に油を塗る

グリルや網で魚を焼くときは、網に油を塗ってよく熱したあと、魚をのせて焼くとくっつきにくくなります。

■ 色が変わったら

食材を加熱すると、表面の色が変化します。肉なら赤やピンクが白っぽく、野菜なら色鮮やかになります。

Point ▶▶ 肉の色の変化は、次の行程に移るタイミングとしてレシピによく出てくる。

COLUMN

魚などを焼くときの「強火の遠火」

魚を焼くときは「強火の遠火」といって、火が直接あたらないように離して強火にするというのが基本。こうすると、表面には適度な焦げ目がつき、中にはしっかりと火を通すことができます。魚焼きグリルで焼く場合は、火が強すぎると表面だけが焦げつき、弱すぎるとなかなか焼けずに魚の水分が飛んでパサパサになるので、中火が基本と覚えておきましょう。

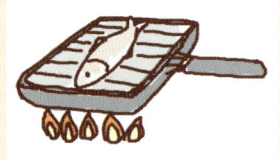

火加減の目安

火加減はガス台によっても違いますが、めやすを覚えておきましょう。

中火
鍋底に炎がかるくあたっている状態。

調理ではこの火加減が基本になり、食材の状態に合わせて強火にしたり弱火にしたりします。

強火
炎が勢いよく鍋底にあたっている状態。

煮汁を煮立たせたり、水分を一気に蒸発させたりするときに。

弱火
鍋の底に炎があたっていない状態。

じっくり煮込んだり、焦げやすい食材を調理したりするときに。

とろ火（極弱火）
炎が消えるか消えないかぐらいの状態。

長時間かけて煮込むときに。

■ しんなりしたら
野菜を炒めると、水分が出て、しなしなとやわらかくなります。焦がさないように、全体にまんべんなく火が通るように混ぜながら炒めましょう。

■ こんがり焼く
食材の表面に少し焦げ目がつくくらいまでよく焼きましょう。

■ からめる
食材に火が通ったところに調味料を加え、全体に調味料が行き渡るように、フライパン（または鍋）を大きく回しながら焼きます。

■ 蒸し焼きにする
食材の表面を焼いたら、水や酒などの水分を加えてふたをします。加えた水分が中で水蒸気となり、食材をムラなく熱します。また、水分があるうちは、食材は焦げつきません。

■ 余熱で火を通す
食材に火が通るのは、加熱しているときだけではなく、火を止めたあとも、フライパンや鍋、食材自体に残っている熱で火が通ります。調理では、その余熱を利用してじっくり火を通すこともあります。反対に余熱の存在を忘れていると、食材に火が通りすぎてしまうこともあるので注意しましょう。

煮る

■ひと煮立ちさせる
食材や調味料を加えると、煮汁の温度がいったん下がりますが、その煮汁が再びふつふつと煮立った状態になるまで煮ること。火の通り具合が違う野菜を加えるのはこのタイミングです。

■ひと煮する
煮汁が沸騰したらすぐに火を止めるぐらい、ほんの少し煮ること。みそ汁のみそを溶き入れたあとは、香りが損なわれないようにすぐに火を止めましょう。

■煮詰める
煮汁が少なくなってくるまで煮ること。絹さややいんげんなどの緑色を残したい野菜は、煮詰めたあとに加えます。

■煮立ったら
水や煮汁がボコボコと沸騰している状態。

■アクをとる
食材をゆでたり煮たりすると、湯（または煮汁）の表面に白い泡のようなアクが出てきます。これは食材に含まれている渋みやえぐみなので、網じゃくしですくいとりましょう。

■落としぶた
煮汁を全体に行き渡らせるために入れる、鍋の直径よりも小さなふたのこと。材質は木製やシリコン製などがありますが、アルミホイルなどで代用できます。

水加減を表すことば

煮たりゆでたりするときの水の分量を、次のようなことばで表します。

たっぷり
材料が完全に入るくらいの、たっぷりの水加減。野菜やめん類をゆでるときに。

かぶるくらい
材料が水面から出るか出ないかぐらいの水加減。じっくり煮るときに。

ひたひた
材料が水面から少し出るくらいの水加減。火の通りやすい野菜や魚などを煮るときに。

Part 1 料理をはじめる前に

ゆでる

■ゆでる効果

食材をゆでるのはやわらかくするだけでなく、食材のアクや臭みをとったり、余分な油をとったりする効果があります。また、火の通り具合の違う食材をいっしょに炒めたり煮たりする場合に、やわらかさを合わせるために、先に下ゆですることもあります。

アクのある野菜は炒める前にさっと下ゆでする。

余分な油を落とし、味をしみ込みやすくする。

COLUMN

煮る分量に合わせて鍋の大きさを選ぶ

煮物を作るときは、食材の分量に合わせて鍋の大きさを選ぶのもポイントです。材料が少ないのに鍋が大きすぎると煮くずれの原因になったり、材料が多いのに鍋が小さいと煮汁が行き渡らず煮えムラができたり。水加減も材料と鍋のバランスがよい状態で調節しましょう。

■ゆでたあとの処理

野菜をゆでたあと、冷水にとるもの、ざるに上げるものに分かれます。

冷水にとるもの
ゆでた野菜を冷水にとり、一気に冷ます。ほうれんそう、小松菜、絹さやなど。
効果
・色鮮やかに保つ　・アク抜き
・余熱で火が通るのを防ぎ、シャキッと仕上がる

ざるに上げるもの
ゆでた野菜をざるに上げ、そのまま冷ます。ブロッコリー、いんげん、にんじんなど。
効果
・野菜のうまみが残る
・水っぽくならない

■水からゆでる野菜　湯に入れてゆでる野菜

野菜をゆでる場合、水からゆでるものと、沸騰した湯に入れてゆでるものがあります。一般的に土の中にできる野菜（おもに根菜）は水から、地上にできる野菜（葉野菜・実野菜）は沸騰した湯に入れてゆでます。例外として、かぼちゃ、とうもろこしは水からゆでます。

■塩ゆでのときの塩の分量のめやすは？

食材によっても異なりますが、塩ゆでの場合の塩は、水の量の1〜2％がめやすです。水1リットルに対して大さじ1(18g)ぐらいです。

揚げる

■ 油はねを防ぐには
揚げ物をするときには、油はねをしないように気をつけましょう。

水気をしっかりふきとり、粉をまぶす

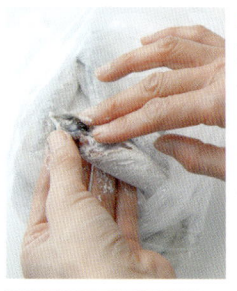

油はねは、油に水が入ったときに起こるので、揚げる食材の水分をしっかりふき取ることが大切。また、水気をふき取ったあとに粉などをしっかりまぶしておくと、より油はねがおさえられる。

破裂しそうなものには、切り目を入れる

ししとうなど、高温の揚げ油に入れたときに中の空気が膨張して破裂するような野菜には、あらかじめ切り目を入れる。

こわがらずに、そーっと入れる

揚げ油に材料を入れるときは、鍋のふちからすべり込ませるように入れる。菜箸などを使うとすべって落ちやすいので、手で入れるほうがよい。

■ 素揚げする

小麦粉やパン粉などのころもをつけずに、食材をそのまま揚げること。うまみを閉じ込める効果があります。

■ きつね色になるまで揚げる

春巻きやフライなど、表面がきつね色になるまで揚げること。ただし、油の温度が高すぎると、表面がきつね色になっても中まで火が通っていないことがあるので注意しましょう。

■ 二度揚げする

表面をカリッとさせるために、一度揚げたものを再度高温で揚げます。

Part 1 料理をはじめる前に

揚げ油の温度

揚げ油の温度の見極め方を覚えておきましょう。

低温（150〜160℃）
天ぷら（いも類）、フライドポテト、フリッター、ドーナツなど

ころもやパン粉を落とすと、半分まで沈んでから浮き上がる。

中温（160〜180℃）
フライ、とんかつ、天ぷら（野菜）、から揚げなど

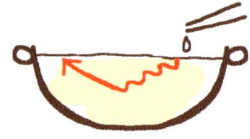

ころもやパン粉を落とすと、やや沈んで浮き上がる。

高温（180〜200℃）
コロッケ、天ぷら（魚介類）、かき揚げなど

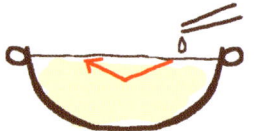

ころもやパン粉を落とすと、表面でパッと浮かんでくる。

※家庭で使う小さな鍋では危険なので、高温で調理することはほとんどありません。

あえる・蒸す

■ 酒蒸し
酒などの水分を加えてふたをし、中に蒸気を充満させて食材に火を通す方法。魚介類など生臭みを取り除きたい食材を蒸すときは、酒などを加えて一気に蒸します。

■ ふたにふきんをかぶせる
蒸し器のふたをするときは、蒸気でふたの内側についた水滴が料理に落ちるのを防ぐために、ふきんをかぶせておくのが基本です。ふきんのふちが火に入らないように、ふたの上にしっかり結んでおきましょう。

■ 地獄蒸し
蒸し器がない場合は、ふたつきの大きめの鍋に小皿などを裏返しておいて熱湯をはり、その上に器をのせて蒸す「地獄蒸し」と呼ばれる方法もあります。また、茶わん蒸しなど高さのある器で蒸す場合は、鍋底にふきんをしいて熱湯をはり、器を入れて蒸します。蒸すときは、ふたにふきんをかぶせ、ふたの裏の水滴が落ちないようにしましょう。

■ 蒸し料理は強火が基本
蒸し料理は湯を沸騰させながら、その蒸気で火を通すので、火加減は強火が基本になります。ただし、茶わん蒸しや卵を使った料理のときは、強火で蒸すとできあがりにすが入る（細かい穴ができる）ので、やや弱めにします。

■ 塩もみする
食材に塩を加えてもみ込むのは、水分を引き出すため。水分が出た食材には、そのぶん調味料などが入り込みやすくなります。

■ 水気をしぼる
食材の水気をしっかりしぼっておくのも、あえものを作るときのポイントになります。ただし、しぼりすぎると食材がかたくなりうまみが残りません。食材にほんのり水分が残る程度にしぼりましょう。

■ 調味料を加えるタイミング
ゆでた食材に調味料を加えるとき、熱いうちに加えるものと、粗熱をとってから加えるものがあります。食材に味がしみ込むのは冷めていく過程なので、酢、塩、砂糖などの味をつけるための調味料は熱いうちに加えます。一方、マヨネーズなどの油脂を含む調味料は、熱いうちに加えると油っぽくなるので冷めてから加えます。また、しょうゆなどの香りを残したい調味料も冷めてから加えます。

揚げ油の処理の仕方
揚げ油は劣化が進むと、食材を入れたときに細かい泡が広がったり、粘りが出たりします。劣化が進んだ揚げ油は、新聞紙を入れた牛乳パックなどに流し入れるなどして処理してください（捨て方は各自治体によって異なります）。
まだ使える揚げ油は、熱いうちに保存容器にフィルターなどでこして移します。油に空気が触れないようにして酸化を防ぎ、冷暗所で保存しましょう。

米の洗い方・炊き方の基本

米の洗い方をマスターすれば、同じ米でもおいしさがアップします！

Part 1 料理をはじめる前に

米の洗い方

■米は洗いすぎに注意

米を洗うのは、米についているぬかを落とすためで、米と米をかるくこすり合わせて洗います。力を入れすぎて米が割れてしまうと、ご飯がポロポロになったり、水を何度も取り替えて洗いすぎると、うまみがなくなったりするので、ポイントをおさえて洗いましょう。

1 米をボウルに入れ、水を一気に注ぐ。

2 ひと混ぜしたらすぐに水を捨てる。

Point ▶▶ 乾いた米が水を吸うので、ぬか臭さを吸わないうちに、すぐに捨てましょう。

3 かるく混ぜ合わせるようにして、米と米をすり合わせる。

Point ▶▶ 米が割れないように、力を入れずにかるく混ぜます。

4 水を注ぎながら、かるく混ぜ合わせる。

5 白くにごった水を捨てる。

6 3〜5を2回ほど繰り返す。

7 水がやや透明になってきたら、水を捨てる。

Point ▶▶ 完全に透明にならなくてもOK。むしろ洗いすぎに注意しましょう。

8 ざるに移す。

9 そのまま4〜5分くらいおく。

Point ▶▶ 乾きすぎると米が割れやすくなるので、4〜5分くらいでOK。

■米を炊くときの水加減

米を炊くときの水加減は、普通のご飯なら、乾いている状態の米の容量（ml）に対して1割増しの水が基本です（米1合・180mlなら、水約1カップ・198ml）。炊飯器などについている米をはかる1合カップは180mlで、料理で使う計量カップ（200ml）とは容量が異なっています。2つのカップを混同しないように、米をはかったときと同じカップを使って水を1割増しにするのがおすすめです。

■米の選び方と保存の仕方

米は乾燥しているので、長期保存が可能なように思いがちですが、正しく保存をしないと、鮮度が落ちてしまいます。選ぶときは、精米したてのものを選び、賞味期限内に食べきれる分量を購入しましょう。保存は密封できるポリ袋に入れ、高温多湿な場所を避けましょう。

■ご飯をおいしく保存するには

残ったご飯をおいしいまま保存するには、炊きたてのご飯を冷まして、冷凍保存するのがおすすめです。あたたかいご飯を厚さ1cmくらいにのばしてラップで包み、密封できるポリ袋に入れて冷まします。完全に冷めたら、冷凍庫で保存しましょう。

COLUMN

洗わなくてよい無洗米

精米された米にはぬかが残っていますが、無洗米はすでにぬかが取り除かれているので、洗う必要がありません。
ただし、水で洗うときに米が吸水する分の水を吸っていないので、水加減は通常米を炊くときよりも、少し多めがよいでしょう。

米の炊き方の基本

1
洗った米を鍋に入れ、水加減し、30分以上吸水させる。

Point ▶▶
米を炊くときの鍋は、ある程度ふたが重たいものを選びましょう。材質は土鍋や鋳物ホウロウ鍋などがおすすめ。

2
ふたをして強火にかけ、ふつふつとしてきたら弱火して10分加熱する。火を止めて、ふたをしたまま10分蒸らす。

🔥🔥🔥 ➡ 🔥 ➡ 止める

おかゆの炊き方

米を炊くときの水加減と加熱時間を調節すれば、おかゆも思いのままに作れます。水加減と加熱時間のめやすは次の通りです。

■おかゆの種類と水加減のめやす

全がゆ	米1：水5
七分がゆ	米1：水7
五分がゆ	米1：水10

炊き方は、鍋で炊くご飯を参考に。
①鍋に米と水（割合は好みで）を入れて火にかける。
②沸騰したら弱火にし、一度鍋底から静かにかき混ぜ、ふたをずらしてかけて約1時間加熱する。ある程度水を蒸発させながら炊くのがポイント。
③火を止めて、5分蒸らせばできあがり。

基本のだしのとり方

だしにこだわれば、煮物も汁物も断然おいしくなります！

昆布＆削り節

昆布と削り節でとるだしは、和風だしの基本。本書レシピの「だし汁」は、これを使用しました。市販の和風顆粒だしで代用する場合は、分量の湯（または水）に、だしの素を溶かして（溶かす分量は商品によって異なるので確認して）使ってください。

■ 昆布＆削り節のだしのとり方

1 長さ10cmくらいの昆布を用意し、切り目を入れる。

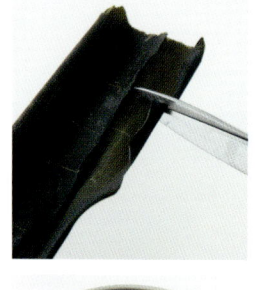

2 鍋に水4カップと昆布を入れ、30分ひたす。

Point ▶▶ ひたしておく時間がなければ、すぐに極弱火にかけてもOK。

3 中火にかけ、沸騰直前に昆布を取り出す。

Point ▶▶ 昆布に細かい泡がついてきたら、取り出すめやすです。

4 削り節ひとつかみを加える。

5 菜箸でかるくおさえ、削り節を沈める。

6 削り節がひととおり湯にひたったら火を止め、削り節が沈むまで待つ。

7 ざるでこす。

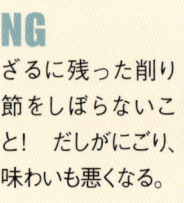 

NG ざるに残った削り節をしぼらないこと！ だしがにごり、味わいも悪くなる。

■ 削り節の選び方

削り節は、削り立てがいちばんおいしいので、削ってあるものを購入するときは、できる限り新しいものを選び、短期間で使い切れる分量を購入しましょう。開封後は、空気に触れないように密封し、冷蔵庫で保存しましょう。

Part 1 料理をはじめる前に

昆布だし

昆布だしは、香りや味が控えめなだしなので、素材のうまみを生かした薄味の料理に向いています。すき焼きの割り下を薄めるときにも使います。

■ 昆布だしのとり方

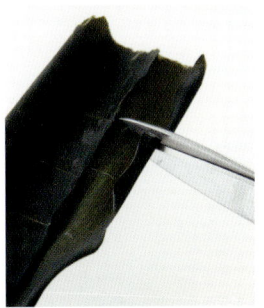

1 長さ10cmくらいの昆布を用意し、切り目を入れる。

2 鍋に水4カップと昆布を入れ、30分ひたす。

Point ▶▶ ひたしておく時間がなければ、すぐに極弱火にかけてもOK。

3 中火にかけ、沸騰直前に昆布を取り出す。

Point ▶▶ 煮立てすぎると昆布のにおいが出るので取り出します。

■ 昆布の選び方

昆布は日高昆布、利尻昆布、羅臼昆布などいろいろな種類がありますが、どれを選ぶときも、肉厚で緑褐色でツヤのあるものを選ぶとよいでしょう。白い粉のようなものはうまみ成分なので気にしなくてOK。開封後は、密封して日の当たらない、湿気のないところで保存しましょう。

いりこだし

いりこ（煮干し）からとるだしは、みそ汁やめんつゆ、濃い味の煮物などに向いています。

■ いりこだしのとり方

1 いりこ10gは頭とはらわたを取り除く。

Point ▶▶ 生臭みの原因になるので、取り除きます。

2 鍋に水450ml、長さ3cmくらいの昆布、いりこを入れ、30分ひたす。

3 弱めの中火にかけ、煮立ってから5分ほどしたら、いりこと昆布を取り出す。

■ いりこの選び方

いりこ（煮干し）は、カタクチイワシ、サバ、アゴなど、いろいろな種類がありますが、どれを選ぶときも、青みがかった光沢のあるものがよく、黄色っぽくなっているものは避けたほうがよいでしょう。開封後は、密封して冷蔵庫で保存しましょう。

基本の調味料

調理をするうえで、そろえておきたい調味料を紹介します。

(みりん)

食材のうまみを生かしながら、甘みと風味をつける調味料。砂糖だけで甘みをつけるより、まろやかな味わいになります。みりんはアルコール度数が14％前後ある酒の一種です。アルコール度数が低く安価な「みりん風調味料」も市販されていますが、煮くずれを防止したり、うまみを生かしたりするためには、「みりん」を選ばないとその効果は期待できません。

(しょうゆ)

一般的に調理に使うのは、「濃口しょうゆ」で、香りとうまみのバランスがよく、あらゆる料理に使えます。和食では、素材の色を生かすために、料理に色をつけない「白しょうゆ」や「薄口しょうゆ」がよく使われます。薄口しょうゆは色が薄いだけで、塩分が薄いわけではないので注意しましょう。ほかにも、刺身しょうゆとして使われる「たまりしょうゆ」などがあります。

(塩)

食材に味をつけるのはもちろんですが、食材の水分を引き出したり、臭みを引き出したりする効果があります。選ぶときは、余分な味がついていないもののほうが、いろいろな調理に使えて便利です。粒の粗さは、調理によって細かい「精製塩」、粗い「あら塩」などを使い分けるとよいでしょう。

(みそ)

日本各地にさまざまな種類がありますが、いろいろな調理に使いやすいのは、「米みそ」の「淡色」(たとえば信州みそ)がおすすめです。とはいえ、原料(米・麦・豆など)、味わい(甘・辛など)、色(淡・赤・白など)を選び、それぞれの特徴を生かして使いこなせば、味のバリエーションが広がります。

(酢)

大きく分けると米や麦などの「穀物酢」とぶどうやりんごなどの「果実酢」に分けられます。好みに合わせて選んで構いませんが、一般的に調理に使いやすいのは「米酢」や「穀物酢」です。酢は食材に酸味をつける性質がありますが、加熱すると酸味はやわらぎます。また、食材の変色を防ぐ効果もあります。

(砂糖)

一般的に調理に使うのは、クセがなく用途が広い「上白糖」です。上白糖に比べてコクのある茶褐色の「三温糖」、ミネラル分が多い「きび砂糖」、風味の強い「黒砂糖」などは、その特徴を生かして、煮物などに使われることもあります。料理に合わせて使い分けるとよいでしょう。

料理のさしすせそ

さ・砂糖、し・塩、す・酢、せ・しょうゆ、そ・みそのことで、調味料を加える順番のめやすです。砂糖は塩より先に加えないと味がつきにくいので最初。酢、しょうゆ、みそは、香りを生かすためにあとに加えます。

(酒)

レシピ内で酒とある場合は日本酒のこと。調理用の「料理酒」も市販されていますが、うまみや風味を大切にしたいなら、安くても日本酒を選ぶとよいでしょう。食材に香りやうまみをつけたり、臭みを消す効果があります。

(こしょう)

こしょうの実をひいたスパイスで、食材にピリッとした味をつけ、肉、魚、野菜などに、塩といっしょに少量ふります。一般的には細かくひいたものが使われますが、肉や乳製品などにふるときは、粗びきのものが使われることもあります。

魚介の料理

魚介を使った、和食料理を紹介します。

どれも身近な食材ばかりなので、すぐに挑戦できます。

魚介の料理は下ごしらえをしっかりおさえれば、

難しいことはありません。

あじのたたき＆かつおのたたき

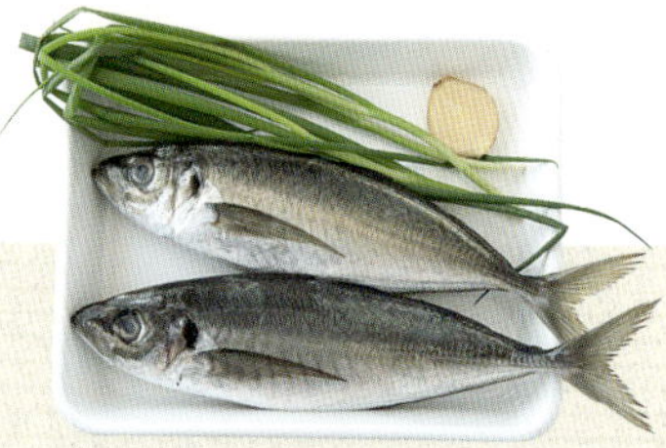

旬の魚のおいしさを味わうなら、やっぱり生がいちばん！

Part 2 魚介の料理

あじのたたき

材料（2人分）

あじ	2尾
しょうが	½かけ
万能ねぎ	3本
みそ	大さじ½
青じそ	2枚
みょうが	2本

→ 調理する直前まで、氷を入れた塩水につけておくと鮮度が保てる。

→ 白みそ、合わせみそなど好みでOK。

→ 薬味として添える。

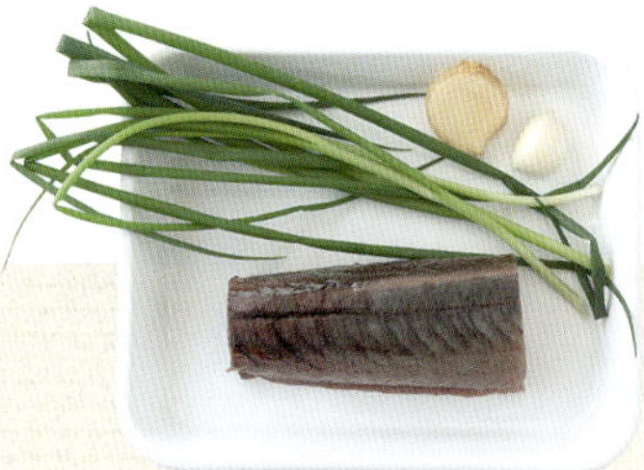

かつおのたたき

材料（2人分）

かつお	1さく（200g）
万能ねぎ	3本
にんにく	1かけ
青じそ	2枚
しょうが	½かけ
A だし汁	大さじ1
しょうゆ	大さじ2と½
酢	大さじ1と½
砂糖	小さじ½
油	少々

→ 生のものを用意する。

→ すりおろして小さじ½くらいを用意する。

→ しょうがを加えて、かつおのたれに。

●●● 初がつおと戻りがつお

かつおには旬が2回あり、新緑のころに黒潮にのって日本の海を北上してくるのを初がつお、秋に産卵のために南下してくるのを戻りがつおといいます。戻りがつおは初がつおに比べて脂がのり、トロっとしているのが特徴。さっぱりとした味わいを楽しみたいなら、初がつおがおすすめです。

あじ	かつお
難易度 ★★☆	難易度 ★☆☆
調理時間 **20**分	調理時間 **15**分
エネルギー量 **98**kcal	エネルギー量 **202**kcal

おもに使う調理道具

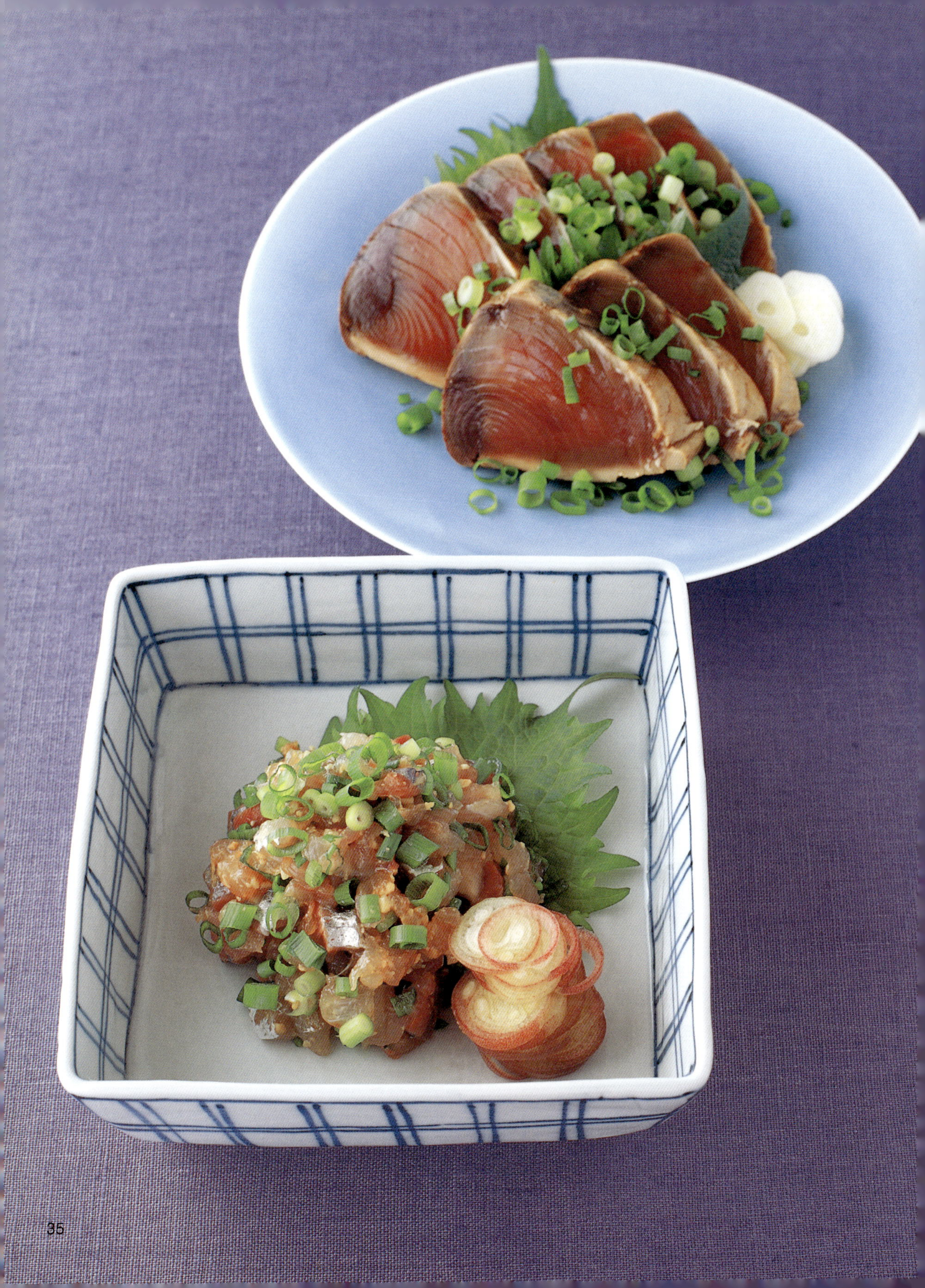

◎あじのたたき◎

下ごしらえ

1 あじは包丁の背でうろこをこそげ取り、胸びれの後ろから斜めに、表裏から包丁を入れて頭を落とす。

2 腹びれを切り落とし、包丁の先を使って、はらわたをかき出す。

3 冷水で、指で中骨をこするように洗い、水気をしっかりとふき取る。

4 ぜいごをそぎ落とす。

Point ▶▶
尾のつけ根から、小刻みに包丁を動かします。

5 背のほうから、1cmくらいの深さの切り込みを入れる。

6 腹側からも、1cmくらいの深さの切り込みを入れる。

Point ▶▶
背と腹に1cm深さの切り込みを入れておくと、身を切り離すときに作業がしやすくなります。

7 中骨にそって包丁を入れ、上身を切り離す。裏返して同様に身を切り離し、3枚おろしにする。

Point ▶▶
2枚の切り身と骨の部分に切り分けるのが3枚おろし。

8 包丁を斜めに入れ、腹骨をそぎ取る。

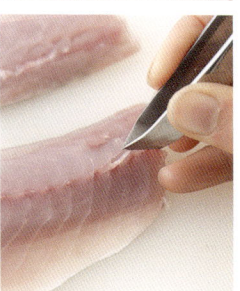

9 中骨の位置にそって、骨抜きなどで小骨を取り除く。

10 キッチンペーパーを使ってすべらないようにしながら、頭から尾に向けて皮をはぎ取る。

Point ▶▶
皮が残っていると、口当たりが悪いので取りましょう。

Part 2 魚介の料理

🔥弱火　🔥🔥中火　🔥🔥🔥強火

◎かつおのたたき◎

下ごしらえ

1 しょうがをすりおろし、Aの調味料と合わせる。

おろししょうが小さじ½、だし汁大さじ1、しょうゆ大さじ2と½、酢大さじ1と½、砂糖小さじ½

調理

2 フライパンに油をひいて熱し、かつおを入れて転がしながら全面に焼き色をつける。

3 焼き色がついたらすぐに、氷水にとって冷やす。

Point ▶▶ 余熱で中まで火が通らないように、氷水につけて、一気に冷やしましょう。

4 冷めたらすぐに氷水から引き上げて水気をふき、1のたれを大さじ2ほど回しかける。残りのたれはとっておく。

5 4を厚さ1cmくらいに切り、青じそとともに器に盛る。万能ねぎを小口切りにして散らし、にんにくを薄切りにして添える。残りのたれを好みで添える。

調理

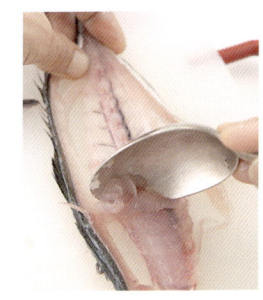

11 中骨に残っている身を、スプーンなどですくい取る。

12 切り身は縦横5mm幅に刻む。

13 11と12をまな板の上に合わせ、みじん切りにしたしょうが、みそを加え、包丁でたたきながら混ぜ合わせる。

みそ大さじ½

14 万能ねぎを小口切りにして加え、包丁でたたきながら混ぜる。器に青じそをしき、みょうがの小口切りを添える。

ココがポイント あじの3枚おろしは、身を切り離す前に、背と腹に1cmくらいの切り込みを入れておくと、より簡単に切り離すことができます。3枚におろしたあとは、腹骨と身に残っている小骨をしっかり取り除きましょう。

かじきの照り焼き 甘酢しょうが添え

甘辛いたれをからめて焼く照り焼きには、脂ののった魚がおすすめ。

Part 2 魚介の料理

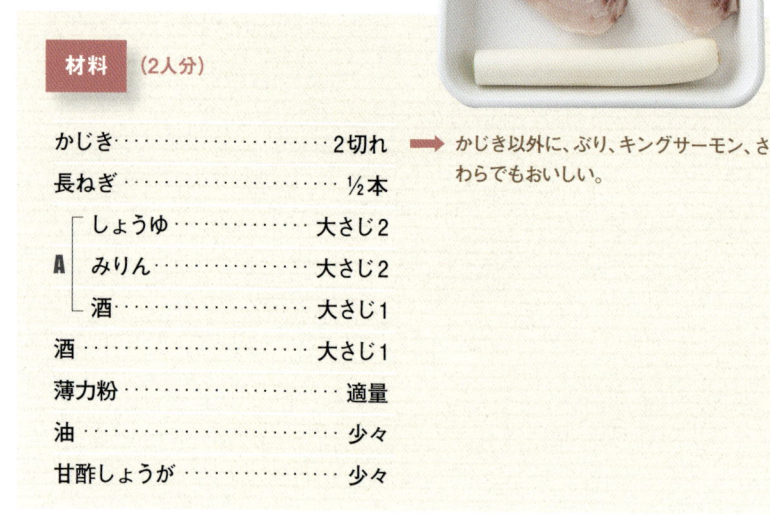

かじきの照り焼き

材料（2人分）

かじき	2切れ
長ねぎ	½本
A [しょうゆ	大さじ2
みりん	大さじ2
酒]	大さじ1
酒	大さじ1
薄力粉	適量
油	少々
甘酢しょうが	少々

→ かじき以外に、ぶり、キングサーモン、さわらでもおいしい。

甘酢しょうが

●材料（作りやすい分量）

新しょうが	150g
[合わせ酢]	
A [酢	⅓カップ
砂糖	大さじ2
塩]	小さじ½

→ 初夏に出回る「新しょうが」を用意する。合わせ酢につけておけば、約1カ月は冷蔵庫で保存可能。

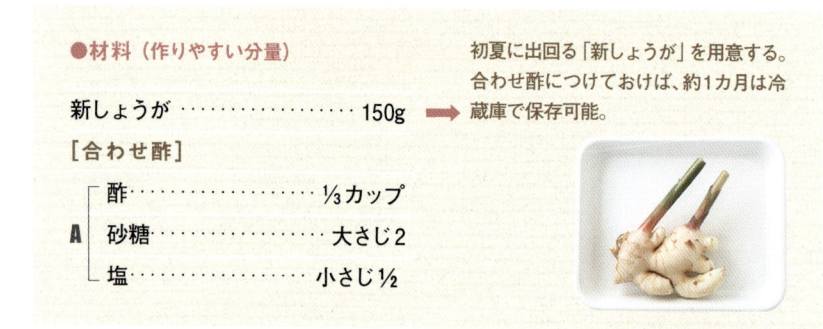

難易度 ★☆☆

調理時間 15分

エネルギー量 225kcal

おもに使う調理道具

●●● かじきはまぐろの親戚？

かじきまぐろともいいますが、まぐろとは別種。まぐろのトロのように脂がのっているところが人気で、刺し身や照り焼きなどに使われます。
カジキ類は種類が豊富で、マカジキ、クロカジキ、シロカジキ、メカジキなどがありますが、刺し身で楽しむなら、脂肪が少ないマカジキやクロカジキがおすすめ。メカジキは脂肪が多くやわらかいので、照り焼きやみそ漬け、煮つけなどに向いています。

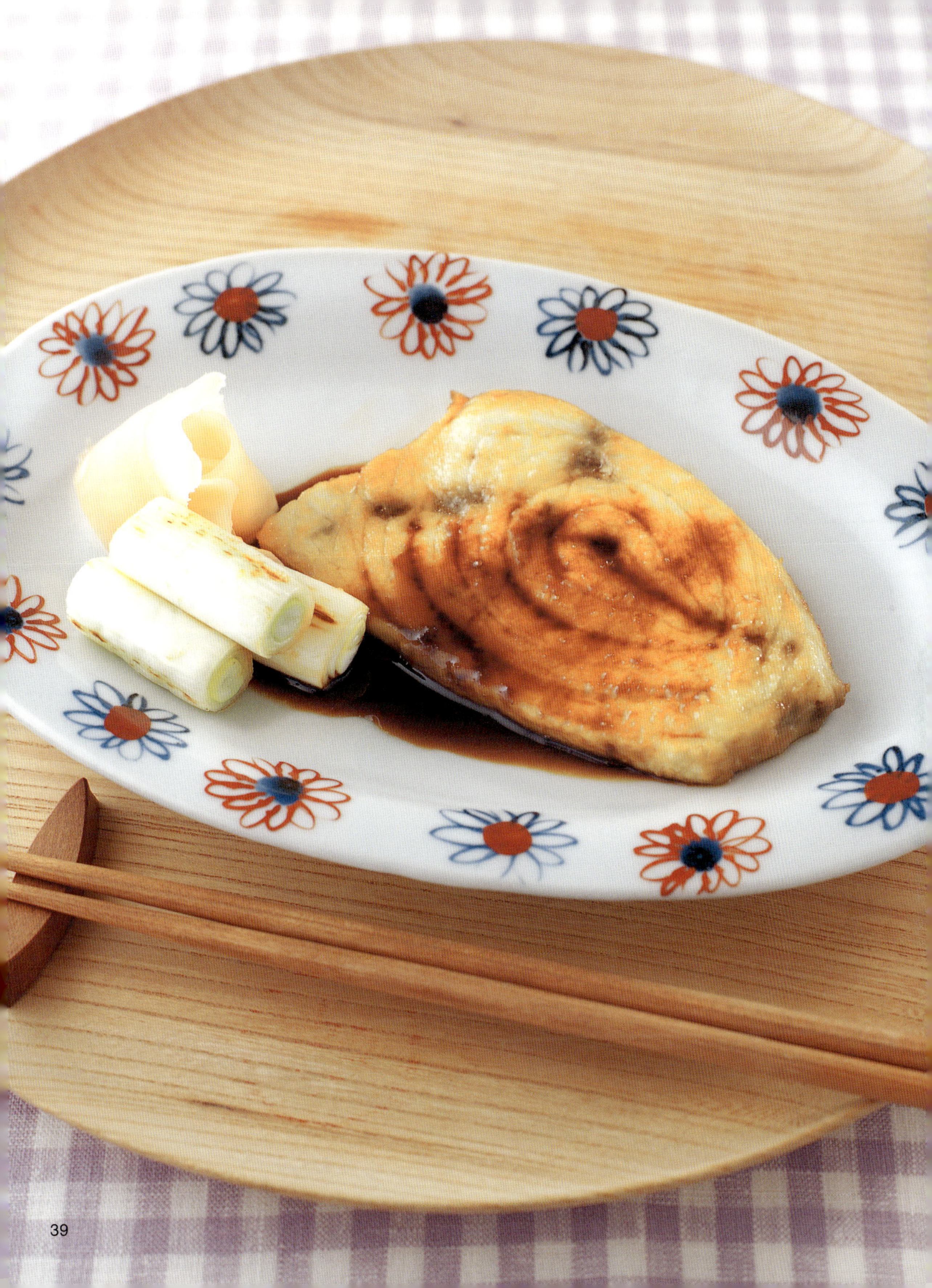

◎かじきの照り焼き◎

下ごしらえ

1 長ねぎは長さ4cmのぶつ切りにする。

2 Aの調味料を合わせる。

しょうゆ・みりん各大さじ2、酒大さじ1

3 かじきは水気をふき取る。

Point ▶▶ 水気が残っていると、薄力粉がつきすぎてしまうので、しっかりふき取りましょう。

4 茶こしを使って、薄力粉を全体に薄くふりかける。

調理

5 フライパンに油を入れて熱し、かじきを並べ、あいているところに長ねぎを入れて焼く。
🔥🔥

6 かじきに焼き色がついたら裏返し、さらに1分ほど焼く。
🔥🔥

7 長ねぎが焼けたら先に取り出し、酒をふりかけてふたをし、30秒蒸し焼きにする。
🔥🔥

酒大さじ1

8 2の調味料を回し入れ、フライパンをゆすりながらからめる。
🔥🔥

9 器にかじきを盛り、長ねぎ、甘酢しょうがを添える。フライパンに残ったたれを煮詰め、かじきにかける。
🔥🔥

ココがポイント
かじきは焼きすぎてパサパサしないように、酒を加えて蒸し焼きにするのがポイントです。また、魚にしっかり味をつけたい場合も、たれで魚を煮てしまうと身がかたくなるので、魚を取り出し、たれだけを煮詰めてかけるとよいでしょう。

Part 2 魚介の料理

🔥弱火　🔥🔥中火　🔥🔥🔥強火

Arrange さわらの幽庵焼き

ゆずの香りが清々しい、和食ならではの繊細な一品。

材料(2人分)
- さわら……2切れ
- エリンギ……2本
- ゆず……小さめ1個
- A ┌ しょうゆ……大さじ2
-    │ みりん……大さじ2
-    └ 酒……大さじ1
- 酒……大さじ1
- 油……少々

245kcal

作り方
1. ゆずは半分を輪切りにし、残りは絞ってAと混ぜ、幽庵地を作る。
2. 幽庵地にさわらをまぶすようにつけ、7分おく。
3. エリンギは縦半分に切る。
4. フライパンに油を入れて熱し、2の汁気をふき取って並べ、焼きつける。あいているところにエリンギも入れて焼き、エリンギが焼けたら、先に取り出す。
5. 魚に焼き色がついたら裏返し、1分焼いて酒をふりかけ、ふたをして30秒蒸し焼きにする。残ったつけ汁、輪切りのゆずを加え、からめる。

◎甘酢しょうが◎

下ごしらえ・調理

1 新しょうがは、こぶで切り分け、ていねいに汚れを落とし、皮をこそげ取る。

2 繊維にそって薄切りにし、水に3分さらし、ざるにとって水気をきる。

3 鍋に熱湯を沸かし、2を入れて30秒ほどゆでる。ざるにとって水気をきる。

4 別の鍋に合わせ酢の調味料を入れて煮立てる。ボウルに移し、3と混ぜ合わせる。

→ 止める

酢⅓カップ、砂糖大さじ2、塩小さじ½

5 冷めてほんのりピンク色になれば食べごろ。

Point ▶▶
冷蔵庫で1カ月ほど保存可能です。ただし、美しい色が楽しめるのは2週間ほど。

かれいの煮つけ

魚は裏返さず、落としぶたをして煮るだけ！

Part 2 魚介の料理

材料 (2人分)

かれい（好みで子持ち）	2切れ
しょうが	1かけ
ごぼう	1本 (150g)
A だし汁	1カップ
しょうゆ	¼カップ
みりん	¼カップ
酒	¼カップ
砂糖	大さじ2

難易度 ★☆☆

調理時間 20分

エネルギー量 269kcal

おもに使う調理道具

🔥弱火 🔥🔥中火 🔥🔥🔥強火　42

下ごしらえ

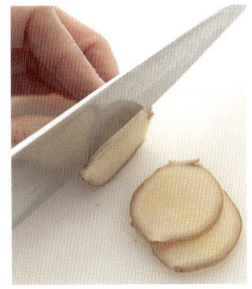

1 しょうがは皮をこすり洗いし、皮ごと薄切りにする。

2 ごぼうは包丁の背でこすり、皮をこそげ取る。

3 長さを3〜4等分にし、縦に2〜4等分にして、5cmほどの長さに切る。

4 かれいはひれ部分のぬめりを、包丁の背でこすり取る。

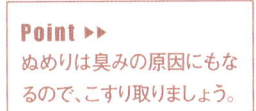

Point ▶▶
ぬめりは臭みの原因にもなるので、こすり取りましょう。

5 4に熱湯を回しかける。

Point ▶▶
さっと熱湯をかけることで、余分な脂も取り除けます。

調理

6 フライパンにAの調味料としょうが入れて火にかけ、煮立ったら、皮を上にしてかれいを入れる。

だし汁1カップ、しょうゆ・みりん・酒各¼カップ、砂糖大さじ2

7 再び煮立ったら、あいたところにごぼうを加える。

8 煮汁を全体に回しかける。

Point ▶▶
かれいの皮に落としぶたがくっつかないように、煮汁を回しかけておきます。

9 落としぶたをし、ふつふつと気泡が立つくらいの火加減で7分煮る。落としぶたをとり、煮汁を回しかけながら1分ほど煮て、つやよく仕上げる。

ココがポイント
魚の煮つけは煮すぎないのがコツ。煮る時間は6〜7分ほどで、落としぶたをして煮汁を全体に行き渡らせながら煮ていきます。

さばのみそ煮

みそのコクと香りが、脂ののったさばを引き立てます。

Part 2 魚介の料理

材料（2人分）

- さば ……………… 2切れ
- しょうが ………… 1かけ
- 長ねぎ …………… ⅔本
- 昆布（だし用）…… 10cm
- A
  - みそ …………… 大さじ4
  - 酒 ……………… 大さじ2
  - 砂糖 …………… 大さじ1と½
  - みりん ………… 大さじ1
- 油 ………………… 少々

→ みそは好みのものでOK。特に赤みそは煮込むととろりとからみ、塩気が少ないので、青魚のみそ煮におすすめ。

難易度
★☆☆

調理時間
20分

エネルギー量
273kcal

おもに使う調理道具

弱火　中火　強火

下ごしらえ

1 しょうがは皮をむき、薄切りにしてから細切りにする。

2 長ねぎは長さ4cmのぶつ切りにする。

3 フライパンに油をひいて熱し、長ねぎをさっと焼いて取り出す。

4 さばは水気をしっかりふき取り、皮に切り目を入れる。

5 3のフライパンをきれいにし、水1カップと昆布を入れ、昆布がふっくら戻るまで5～10分おく。

調理

6 5にAの調味料としょうがを加えて火にかける。

みそ大さじ4、酒大さじ2、砂糖大さじ1と½、みりん大さじ1

7 煮立ったら、皮目を上にしてさばを入れる。

8 再び煮立ったら、煮汁を回しかけ、落としぶたをして7分煮る。

Point ▶▶ 落としぶたは、不織布のキッチンペーパーなどでOKです。

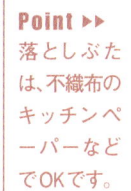

9 落としぶたをとって3の長ねぎを加え、煮汁をさばに回しかけながら1分ほど煮る。

ココがポイント さばを煮るときは裏返す必要はありません。ときどき煮汁を回しかけながら、落としぶたをして煮ればOKです。7分も煮れば味がしみ込みます。長く煮すぎるとパサパサになるので気をつけましょう。

豆あじの南蛮漬け

油でカラッと揚げるので、骨まで食べられます！

Part 2 魚介の料理

材料 (2人分)

豆あじ	200〜250g	➡ 体長12cmくらいの小さなあじ。
玉ねぎ	¼個	
赤唐辛子	1本	
A { しょうゆ	¼カップ	
酢	¼カップ	➡ 分量は好みで加減して。
みりん	大さじ1	
砂糖	大さじ½	
だし汁	大さじ2	
B { 薄力粉	大さじ½	
片栗粉	大さじ½	
揚げ油	適量	

●●● 骨ごと味わえる豆あじ

一般的にあじといえば、まあじのことで、体長20〜30cmのものが出回りますが、10cm前後の豆あじもあり、用途によって使い分けられます。
豆あじは、油でカラッと揚げて南蛮漬けなどにすると骨ごと食べられるので、カルシウム補給にはおすすめです。ただし、小さくて丸ごと食べられる豆あじでも、あじ特有のぜいご(尾の近くにあるトゲトゲしたうろこ)はしっかり取り除いておかないと口当たりが悪くなるので注意しましょう。

●●● ねぎと唐辛子が南蛮漬けの特徴

南蛮漬けや南蛮煮、かも南蛮などの「南蛮」とは、もともとは室町時代末期から江戸時代のはじめ、オランダ、スペイン、ポルトガル、東南アジア諸国と貿易が盛んだったころに、これらの国々を総称した呼び名で、これらの国々から入ってきた材料や料理法までを南蛮と呼ぶようになったようです。
南蛮とつく料理には、ねぎや唐辛子を用いていることが多いですが、ねぎだけを南蛮と呼んでいる場合もあります。

難易度 ★★☆

調理時間 25分

エネルギー量 297kcal

おもに使う調理道具

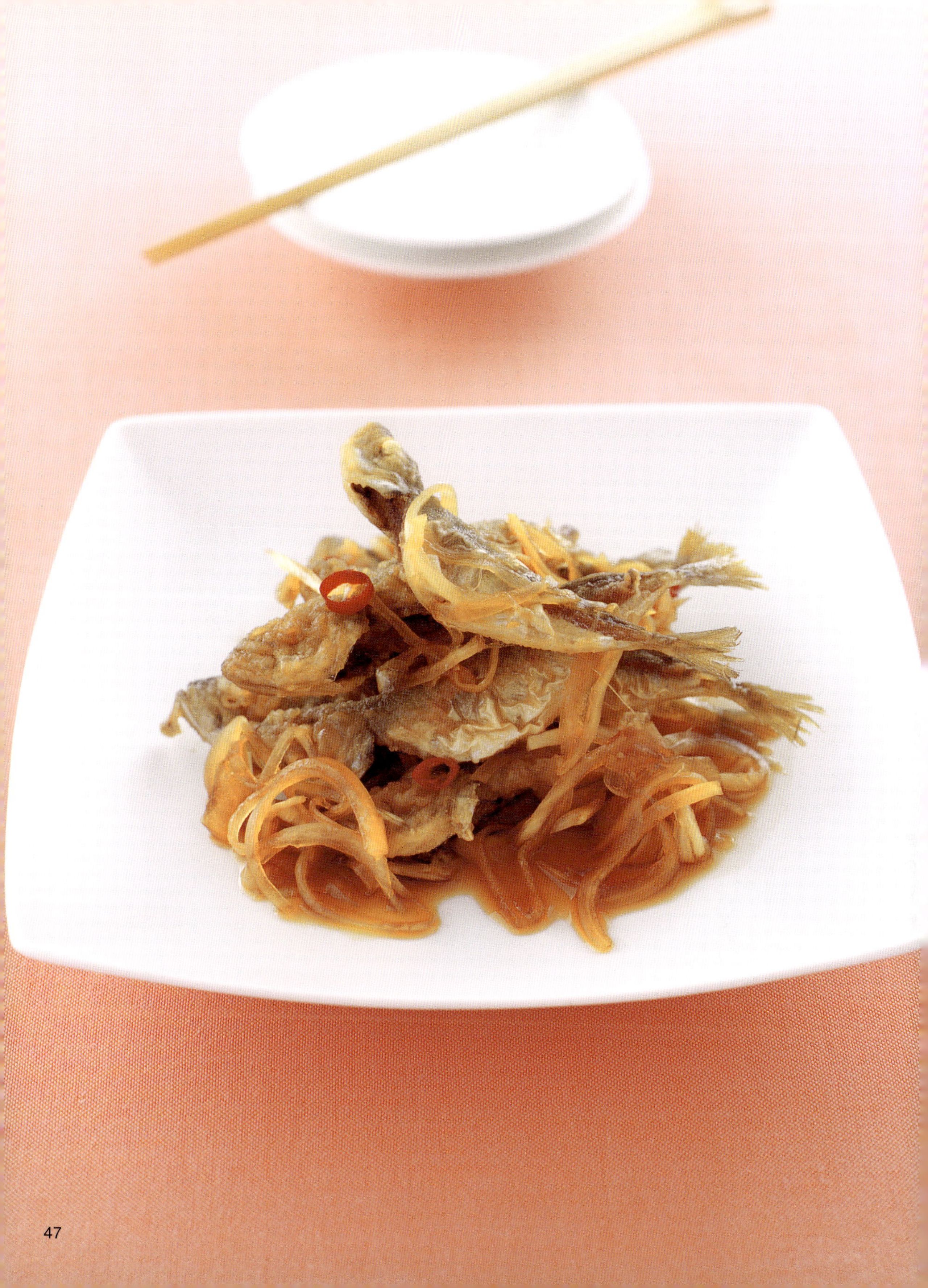

下ごしらえ

1 赤唐辛子は水につけてふやかしておく。

Point ▶▶ ふやかしておくと、切りやすい。

2 玉ねぎは薄切りにする。

3 2を水の中でもみ洗いし、辛みを抜く。

4 しっかり水気をしぼる。

Point ▶▶ ここでしっかり水気をしぼらないと、調味液が薄くなるので気をつけましょう。

5 ふやかした赤唐辛子はヘタと種を取り除く。

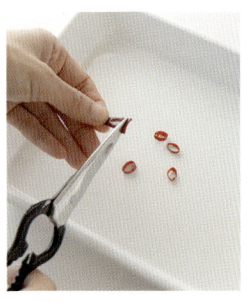

6 5をキッチンばさみで小口切りにし、バットに入れる。

7 6にAの調味料を合わせ、水気をしぼった4を加える。

しょうゆ・酢各1/4カップ、みりん大さじ1、砂糖大さじ1/2、だし汁大さじ2

8 豆あじは水でざっと洗い、えらの部分を指ではさみ、引っ張るようにしてはらわたを取り除く。

Point ▶▶ えらの部分を指ではさみ、斜め下に引っ張ると、はらわたもいっしょにとれる。

9 8を水の中でしっかり洗う。

Point ▶▶ 臭みもとれるので、しっかり洗いましょう。

🔥弱火　🔥🔥中火　🔥🔥🔥強火

10
キッチンペーパーなどの上に取り出し、水気をしっかりふき取る。

Point ▶▶
このあと粉をつけるので、つきすぎないように水気をふき取っておきます。

11
ぜいごをそぎ落とす。

Point ▶▶
ぜいごは小さくてもトゲトゲしていて口当たりが悪いので、しっかり取りましょう。

12
ポリ袋に**B**を合わせ、**11**を入れ、しっかり口を閉じてふり、粉をまんべんなくまぶす。

薄力粉・片栗粉各大さじ½

Point ▶▶
破れないように、しっかりとしたポリ袋を使いましょう。

13
はらわたをとった部分にも、粉をしっかりまぶす。

調理

14
フライパンに揚げ油を入れて低めの中温（160℃）に熱し、あじを入れる。すぐにさわると衣がはがれるので、2分ほどそのままにする。

15
表面が固まったら全体を混ぜ、いったん取り出す。

16
1分ほど油を熱し、170℃くらいまで温度を上げたら、再びあじを戻し入れる。

17
ところどころで小さな油はねが始まったら火を強め、きつね色にカラリと揚げる。

Point ▶▶
最後に油の温度を上げると、油ぎれもよくなります。

18
油をしっかりきって取り出し、熱いうちに**7**に漬ける。

ココがポイント
豆あじに粉をまぶすときは、はらわたをとった部分にもしっかりとまぶしましょう。中に水気が残っていると、油で揚げるときにはねるので気をつけましょう。揚げ終わった豆あじは、熱いうちに調味液につけ込むと、味がよくしみ込みます。

たらのちり蒸し

器ごと蒸して、白身魚のおいしさを楽しめます。

Part 2 魚介の料理

材料 (2人分)

たら	2切れ
塩	少々
絹ごし豆腐	½丁
しいたけ	2枚
えのきたけ	½袋
春菊	4本
ゆずの皮	少々
昆布 (だし用)	10cm
A だし汁	1カップ
薄口しょうゆ	小さじ1
みりん	小さじ1
酒	大さじ1
塩	少々
[もみじおろし]	
大根	10cm
赤唐辛子	1〜3本

→ たら以外にも、鯛、さわらなどの白身魚や、ぶり、鮭でもおいしい。

→ だしをとる昆布。日高昆布など。

→ 薄口を使うほうが、料理の色がきれいに仕上がる。なければ濃口しょうゆでも。

→ もみじのようなオレンジ色の大根おろし。ピリ辛味で薬味として添える。

→ 分量は、辛さの好みで調節して。

●●●● 蒸し料理を上手に仕上げるコツ

蒸し料理は、水蒸気で食材をムラなく加熱するため、水蒸気をうまく立たせること、蒸し器内の温度を高温に保つことがポイントになります。

まず大切なのは、食材を蒸すときは、蒸し器の中に水蒸気が充満している状態になってから材料を入れること。

次に、蒸している間に何度もふたを開けないこと。何度もふたを開けると、蒸し器の中の温度が下がり、水蒸気が水滴に戻って水っぽい仕上がりになってしまいます。

最後に、もし蒸している間に水が足りなくなってしまったら、水をたすのではなく、熱湯を鍋肌からたすこと。これも、蒸し器内の温度を下げないようにするためです。

難易度 ★☆☆
調理時間 20分
エネルギー量 168kcal
おもに使う調理道具

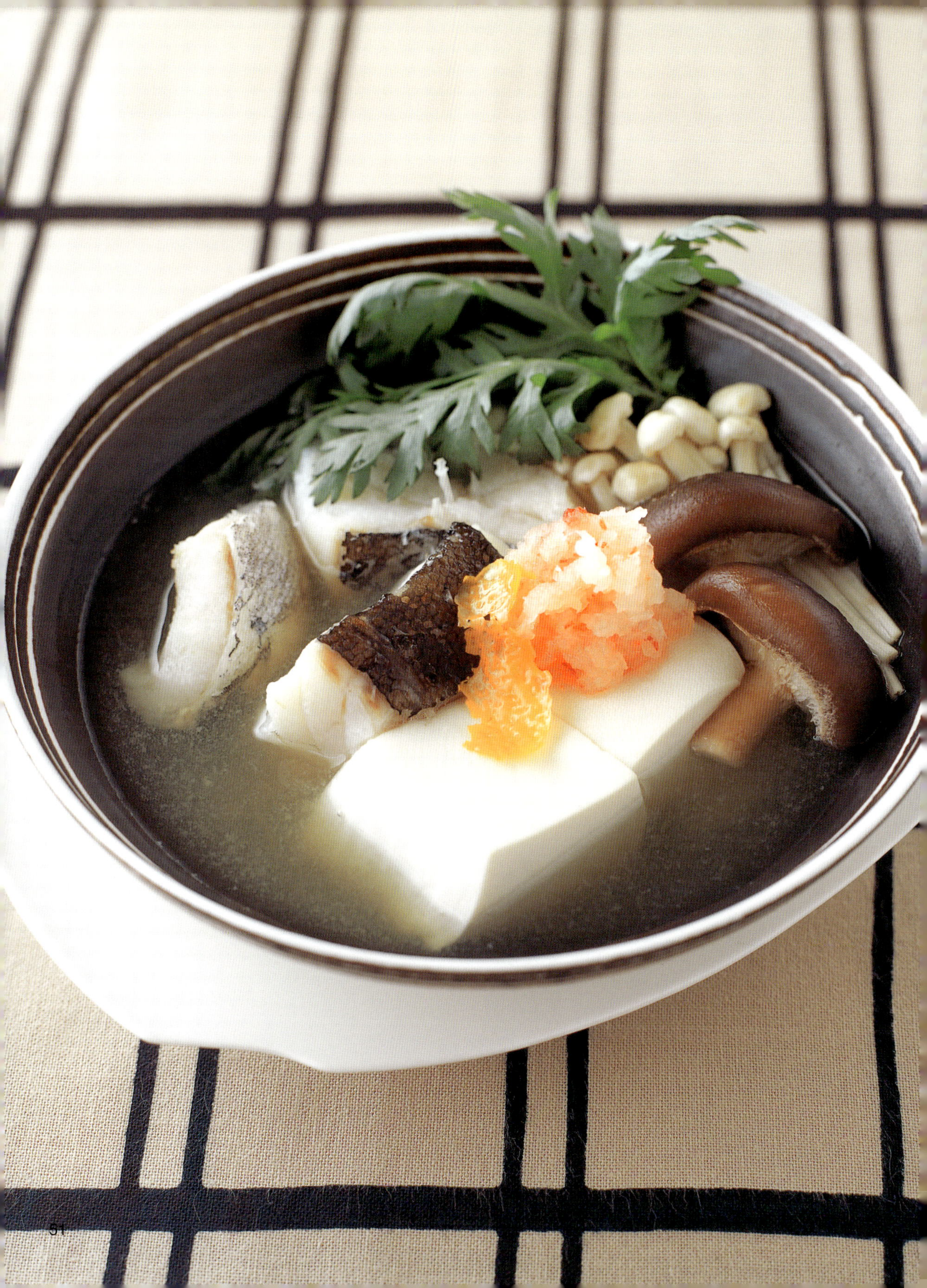

下ごしらえ

1 しいたけは石づきを切り落とす。

Point ▶▶ 石づきは軸の先のほうのこと。軸は食べられます。

2 半分に切る。

3 えのきたけは石づきを切り落とし、ほぐしておく。

4 春菊は葉をつみ取る。

Point ▶▶ 茎の部分がやわらかければ、食べやすい長さに切りましょう。

5 豆腐は食べやすい大きさに切る。

6 たらは食べやすい大きさに切り、塩をふって5分おき、水気をふき取る。

塩少々

7 熱湯を回しかけ、臭みをとる。

Point ▶▶ さっと熱湯をかけるだけでOK。

8 器に昆布をしき、たら、豆腐、しいたけ、えのきたけを並べ、ゆずをのせる。

Point ▶▶ 春菊は火が通りやすく色が悪くなるので、あとから加えましょう。

9 鍋にAの調味料を入れて火にかけ、煮立ったら火を止める。

♨♨ ➡ 止める

だし汁1カップ、薄口しょうゆ・みりん各小さじ1、酒大さじ1、塩少々

10 8に9を、器の7分目くらいまで注ぐ。

Part 2 魚介の料理

♨弱火　♨♨中火　♨♨♨強火　52

Arrange かぶら蒸し

ふわふわのかぶで、白身魚を包み込みます。

材料（2人分）

鯛	2切れ
かぶ	3個
卵白	½個
昆布（だし用）	5cm
ぎんなん（水煮）	6粒
三つ葉	少々
A　だし汁	½カップ
みりん	大さじ½
薄口しょうゆ	大さじ½
片栗粉	大さじ½
酒	大さじ1
塩	適量

209kcal

作り方

1 鯛は塩少々をふって7分おき、水気をふき取る。

2 かぶは皮をむいてすりおろし、水分が多ければかるくきり、150g用意する。卵白をほぐして加え、塩少々で調味する。

3 器に昆布と鯛を入れ、酒をふりかけ、蒸気の立った蒸し器に入れて強火で7〜8分蒸す。

4 2をたっぷりのせ、ぎんなんを散らし、さらに5分蒸す。

5 鍋にAの調味料を入れて煮立て、倍量の水で溶いた片栗粉を回し入れてとろみをつけ、4にかける。三つ葉の葉はつんで、茎は細かく刻んで散らす。

調理

11 蒸気の立った蒸し器に10を入れ、ふたをして強火で10分蒸す。

🔥🔥🔥

12 残り1分になったら春菊を添えて蒸す。蒸し上がったら取り出し、好みでもみじおろしを添える。

🔥🔥🔥 ➡ 止める

ココがポイント
蒸し料理は素材の味わいがダイレクトに味わえるので、魚の臭みをしっかりとっておくことが大切です。熱湯を回しかける（霜降りをする）ことで味わいがアップします。

◎もみじおろしの作り方◎

1 大根に菜箸などで穴をあける。

2 大根の穴に、水につけてふやかしヘタと種を取り除いた赤唐辛子をつめる。

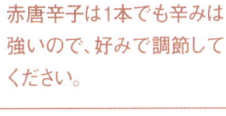

Point ▶▶
赤唐辛子は1本でも辛みは強いので、好みで調節してください。

3 すりおろし、かるく水気をきって盛りつける。

ぶり大根

下ごしらえをしっかりすれば、あら・ならではのおいしさが味わえます！

材料 (2人分)

ぶりのあら	300g	→ あらでなくても、ぶつ切りでも。
大根	⅓本 (300g)
しょうが	15g	→ 臭みをとるために、必ず入れたい。
だし汁	2カップ
A しょうゆ	大さじ3
酒	大さじ3
砂糖	大さじ2	→ 甘さの調節は好みで。
みりん	大さじ1

Part 2　魚介の料理

●●●● うまみが強く、脂ののっているあら

ぶりはほとんどが切り身で売られていますが、さばいたあとのあら（骨や頭）が出ていることがあります。

あらはうまみが強く脂ものっていますが、アクや臭みも強いため、下ごしらえをしっかりとすることが大切。しょうがやねぎの青い部分などを入れた熱湯で下ゆでしたのち、しっかりと流水で洗い、血合いや余分な脂肪を取り除きましょう。このひと手間で、品のよい味わいになります。

●●●● 大根は葉つきのものを選ぶ

大根を選ぶときは、葉つきのものがおすすめ。大根の葉にはβ-カロテンやビタミンC、カルシウムなどが豊富に含まれているので、根だけでなく、葉も調理して食べるとよいでしょう。

葉つきの大根は、そのままにしておくと根にすが入りやすいので、買ってきたらすぐに葉を切り落としておきましょう。葉は食べやすい大きさに切って、炒め物などに使います。さっと下ゆでし、冷凍保存ておくと使いやすいでしょう。

難易度　★★☆

調理時間　25分

エネルギー量　375kcal

おもに使う調理道具

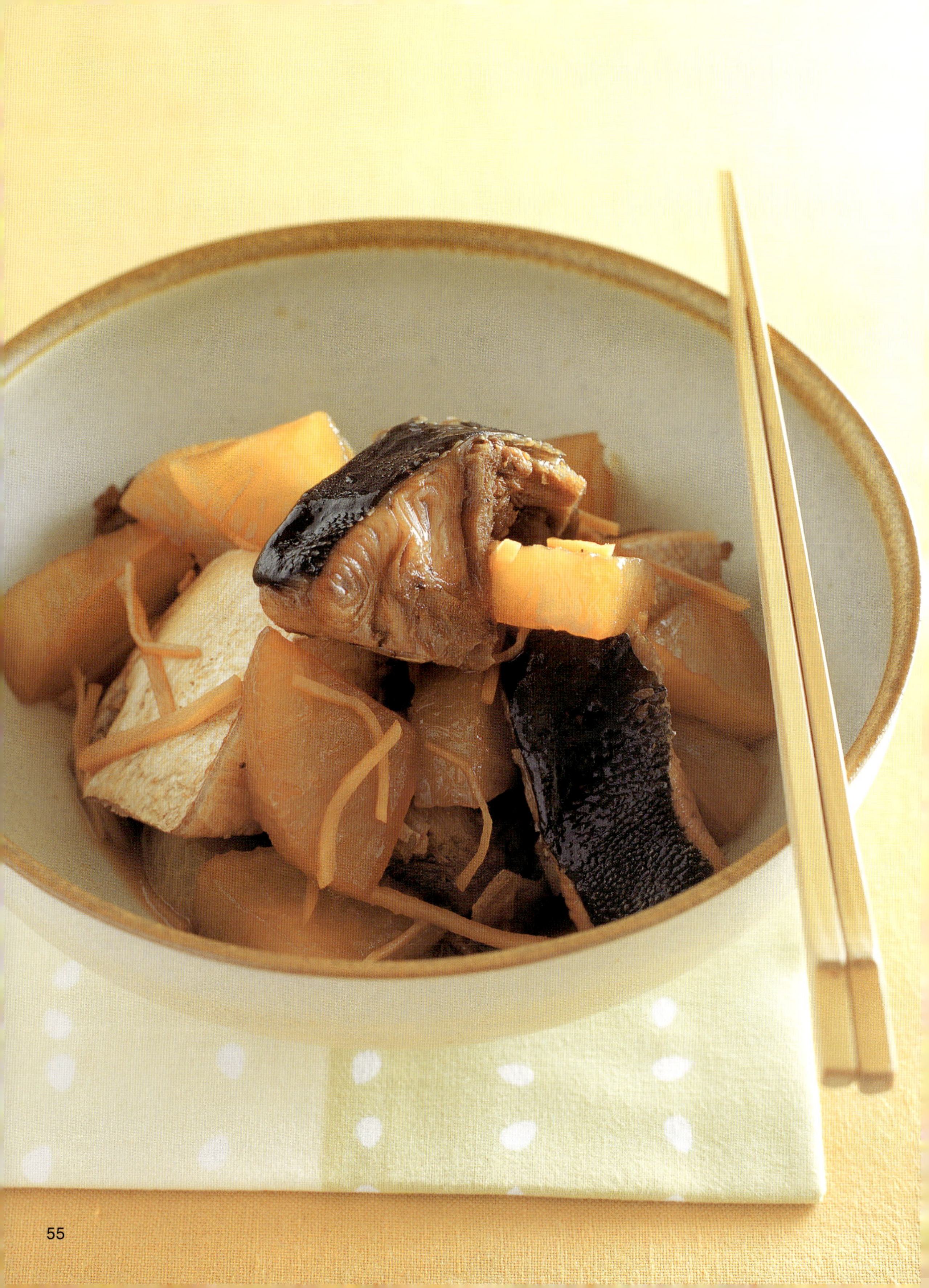

下ごしらえ

1 大根は厚めに皮をむく。

> **Point ▶▶**
> 皮の内側に白い筋が見えるので、その内側をむくと味のしみ込みがよくなります。

2 縦半分に切る。

3 さらに縦半分に切る。

4 厚さ1～2cmのいちょう切りにする。

5 しょうがは皮をむく。

6 薄切りにする。

7 薄切りにしたものをずらして重ね、端から細切りにする。

8 1～2分水につけてアクをとり、水気をきる。

9 鍋に湯を沸かし、沸騰したところにぶりのあらを入れる。
🔥🔥

10 ぶりの表面の色が変わったら、氷水に取り出す。

> **Point ▶▶**
> ゆでる必要はありません。氷水ですぐに冷やしましょう。

Part 2 魚介の料理

🔥 弱火　🔥🔥 中火　🔥🔥🔥 強火　56

11
たっぷりの水の中でこすり洗いし、血合いやうろこを取り除き、しっかり水気をふき取る。

Point ▶▶ 血合いの部分は臭みの原因になるので、しっかり洗い落としましょう。

調理

12
鍋にだし汁を入れて火にかけ、煮立ったところに大根を入れる。

🔥🔥

だし汁2カップ

13
鍋にふたをずらしてかけ、5分ほど煮る。

🔥🔥

Point ▶▶ ほどよく水分を飛ばしながら煮るために、ふたはずらしてかけます。

14
Aの調味料を順に加える。

🔥🔥

しょうゆ・酒各大さじ3、砂糖大さじ2、みりん大さじ1

15
8のしょうがを加える。

🔥🔥

16
煮立ったら、11のぶりを加える。

🔥🔥

Point ▶▶ アクが出てくるようなら、取り除いてください。

17
落としぶたをして、7～8分煮る。

🔥～🔥🔥

Point ▶▶ 煮汁がふつふつとするくらいの火加減を保ち、7～8分煮ます。途中でかき混ぜる必要はありません。

ココがポイント

あらを使った料理は、下ごしらえが肝心。熱湯にさっとくぐらせたのち（霜降りをしたのち）、氷水にとり、血合いやうろこをしっかりと洗い流しましょう。このひと手間を行うことで、あらの臭みや余分な脂を取り除くことができます。
あらを使わない場合は、切り身を食べやすい大きさに切ってください。下ごしらえは、さっと熱湯を回しかければOKです。あらを使うよりは、すっきりとした味わいに仕上がります。

魚の粕漬け焼き&塩焼き

シンプルに塩で味わうのも、粕の香りとともに味わうのも美味。

Part 2 魚介の料理

粕漬け焼き

材料（2人分）

たら	2切れ
しいたけ	2枚
[漬け床]	
練り粕	100g
みそ	50g
みりん	大さじ2
砂糖	大さじ2

→ たら以外にも、鯛、さわら、銀だらなど。
→ つけ合わせとして、いっしょに焼いても。
→ 板状のものではなく、練り状の酒粕。分量は好みで加減して。みそを増やしてもOK。
→ 甘さは好みで加減して。

塩焼き

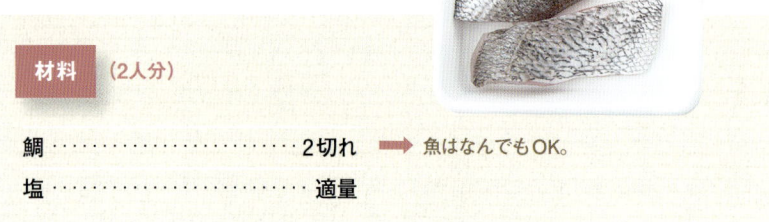

材料（2人分）

鯛	2切れ
塩	適量

→ 魚はなんでもOK。

はじかみ

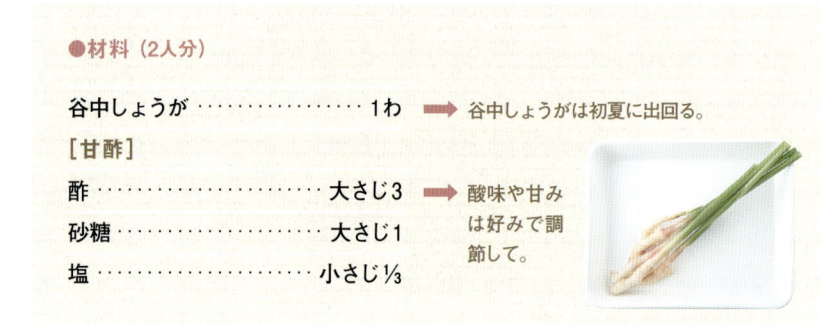

●材料（2人分）

谷中しょうが	1わ
[甘酢]	
酢	大さじ3
砂糖	大さじ1
塩	小さじ1/3

→ 谷中しょうがは初夏に出回る。
→ 酸味や甘みは好みで調節して。

	難易度	調理時間	エネルギー量	おもに使う調理道具
粕漬け焼き	★★☆	10分 漬ける時間は除く	102kcal	
塩焼き	★★☆	10分	155kcal	

58

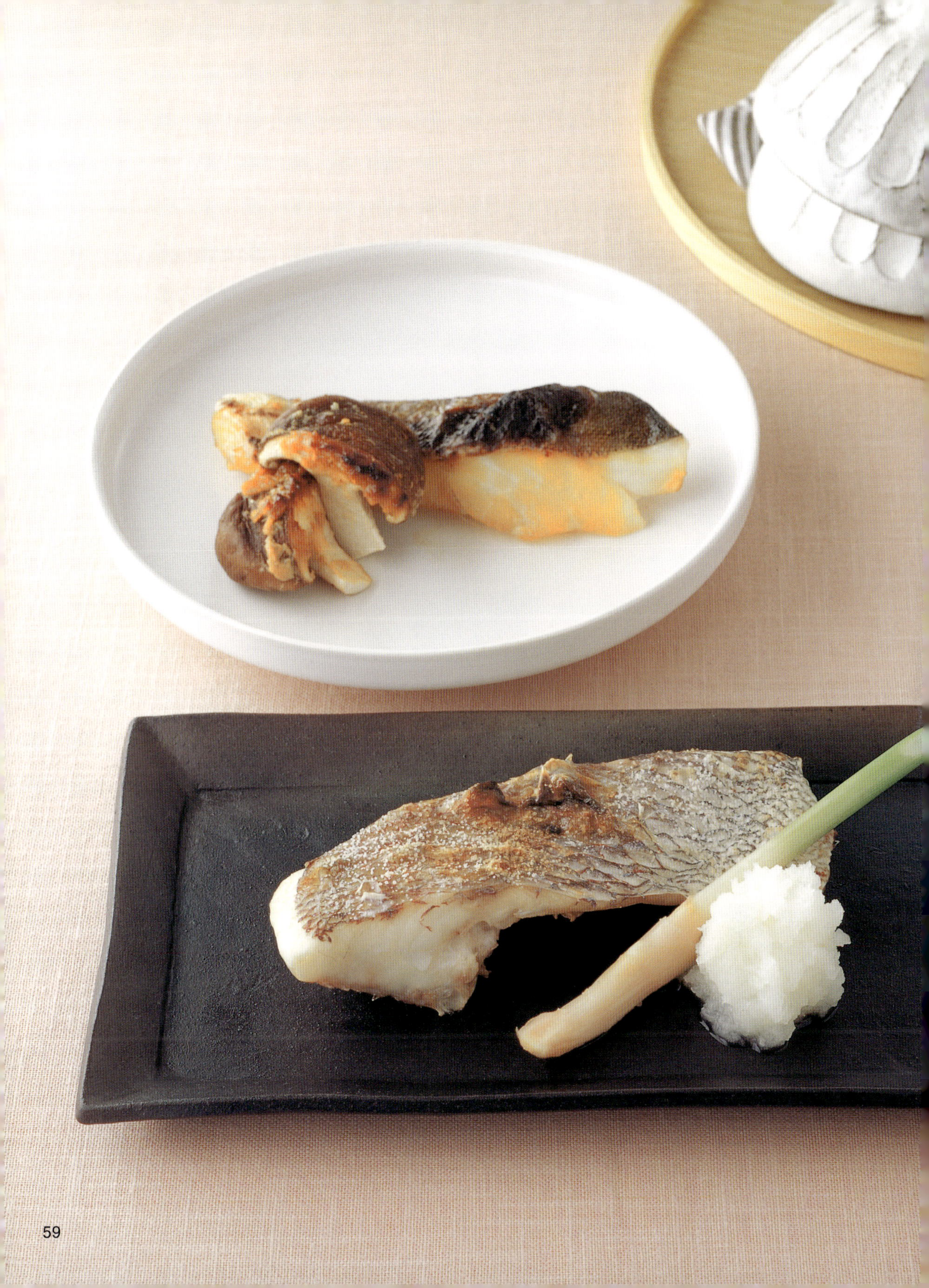

◎粕漬け焼き◎

下ごしらえ

1 漬け床の調味料を混ぜ合わせる。

練り粕100g、みそ50g、みりん・砂糖各大さじ2

2 たらはかるく水気をふき取る。

3 魚が2切れ並ぶくらいの大きさの保存容器に**1**の⅓量をしく。

4 **2**を1切れずつガーゼか厚手のキッチンペーパーで包んで、**3**の容器に並べる。

Point ▶▶ キッチンペーパーは、水に強い、やぶれにくいものを使いましょう。

5 残りの**1**を全体をおおうように塗りつける。

Point ▶▶ 側面までしっかり塗りましょう。

6 ふたをして、冷蔵庫に入れて半日以上漬け込む。

Point ▶▶ 漬け込む時間が長いほど、しっかりとした風味になります。1週間ほど漬けたままでも大丈夫です。

調理

7 魚焼きグリルの網に油（分量外）を塗る。

Point ▶▶ 魚の身がくっつかないように、油を塗っておきます。

8 漬け床からたらを取り出し、魚焼きグリルで焼く。漬け床を少し塗りつけた、しいたけをいっしょに焼いても。🔥🔥

Point ▶▶ 両面焼きグリルなら5〜6分、片面焼きグリルなら2〜3分焼き、裏返して2〜3分がめやす。

ココがポイント 魚をガーゼまたは厚手のキッチンペーパーなどで包んでおくと、焼くときに漬け床をぬぐい取る必要がなく、焦げつきにくいのできれいに仕上がります。直接漬け床につけなくても、味はしっかりしみ込むので心配ありません。

🔥 弱火　🔥🔥 中火　🔥🔥🔥 強火

◎はじかみ◎

下ごしらえ・調理

1 谷中しょうがは1本ずつに切り分ける。

2 皮をむきながら、形をととのえる。

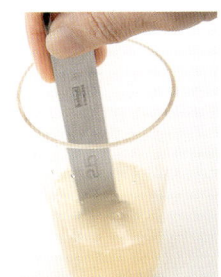

3 谷中しょうがが入るくらいの細長いグラスに甘酢の調味料を合わせる。

酢大さじ3、砂糖大さじ1、塩小さじ1/3

4 鍋に湯を沸かし、しょうがの根の部分だけを30秒ほど入れる。

5 30秒熱湯にくぐらせたら、**3**にひたす。15分くらい漬けたら食べごろ。

Point ▶▶
しょうがの部分が甘酢にひたるようにし、30分たったら引き上げてください。残った甘酢は寿司酢やドレッシングとして活用できます。

◎塩焼き◎

下ごしらえ

1 鯛は水気をしっかりふき取る。

2 焼く直前に塩をまんべんなくふる。

調理

3 魚焼きグリルの網に油(分量外)を塗る。

4 魚焼きグリルに**2**を並べて焼く。焼き上がったら器に盛り、はじかみを添える。

Point ▶▶
両面焼きグリルなら5〜6分、片面焼きグリルなら2〜3分焼き、裏返して2〜3分がめやす。

ココがポイント
魚焼きグリルで魚を焼くときは、火加減は中火が基本。火が強すぎると表面が焦げやすくなり、弱すぎると中まで焼ける前に水分が飛び、パサパサになります。

つみれ煮

新鮮ないわしが手に入ったら、手作りならではのおいしさを、ぜひ味わってみて。

Part 2 魚介の料理

材料 （2人分）

いわし	6尾
卵黄	1個
みそ	大さじ1
しょうが汁	小さじ½
片栗粉	小さじ1
長ねぎ	½本
大根	4cm
せり	4本
A　だし汁	2と½カップ
酒	大さじ2
薄口しょうゆ	大さじ½
みりん	少々
塩	少々

➡ はらわたや骨などを取り除いて、正味180〜200g。

➡ いわしの臭みを消すために加える。

➡ 汁の色合いにこだわらなければ、濃口しょうゆでもOK。

難易度 ★★☆

調理時間 **25**分

エネルギー量 **288**kcal

おもに使う調理道具

●●●● いわしは新鮮なものを選び、すぐに調理を

いわしは鮮度が落ちやすい魚なので、新鮮なものを選び、買ってきたらすぐに調理するようにします。

選ぶときは、目が澄んでいて、身がしっかりしまっているものを選び、調理前まで氷の入った3％くらいの濃度の塩水につけておくと鮮度が保てます。

いわしには特有の生臭さがあるので、梅やしょうが、青じそなどと合わせて調理するのがおすすめです。内臓などを取り出したあとの身は、生のままでは保存できませんが、つみれにしてさっと火を通したものなら、冷凍保存可能です。

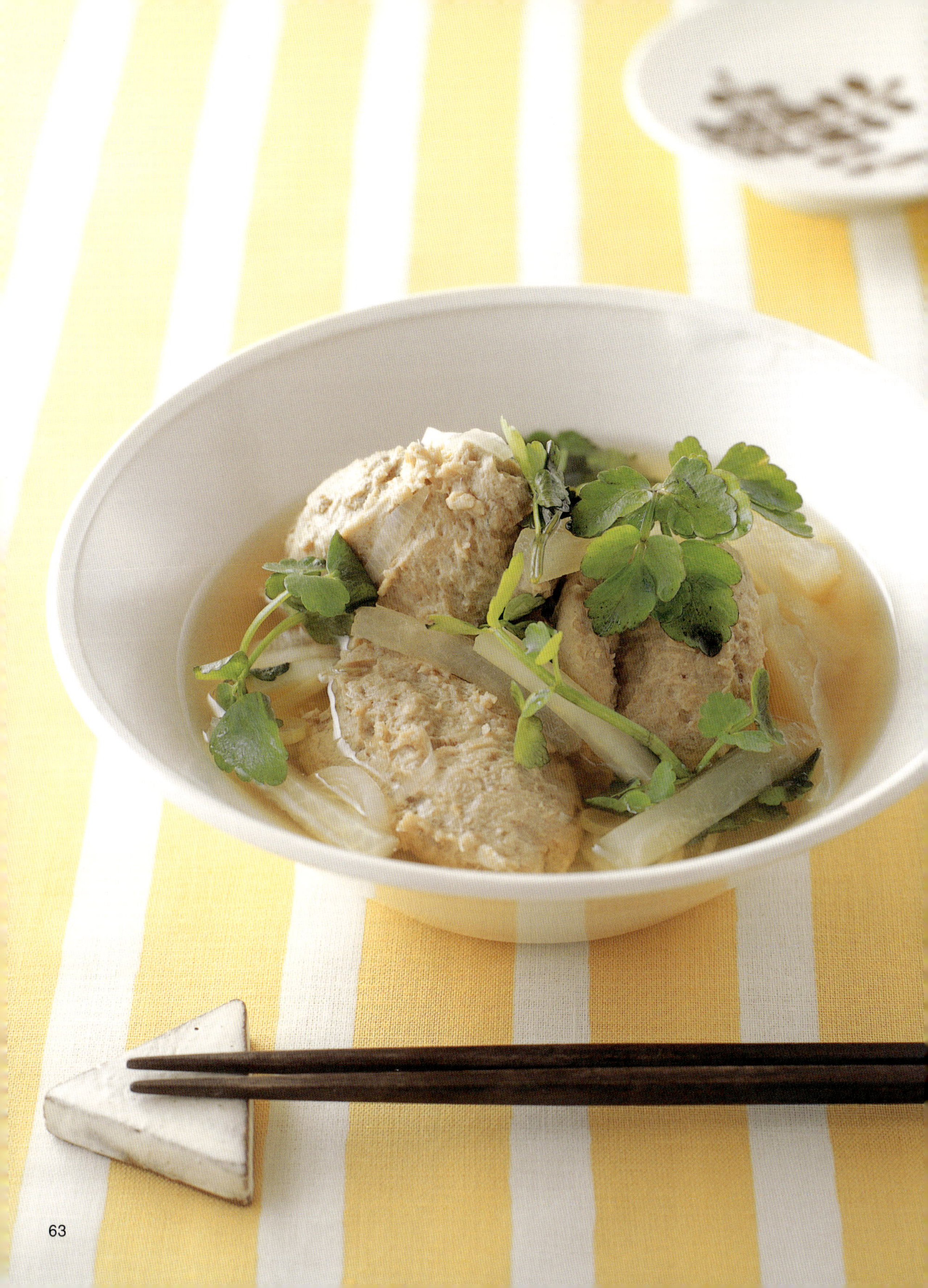

下ごしらえ

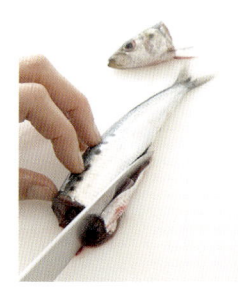

1 いわしは頭を切り落とし、腹の部分を斜めに切り、はらわたを取り出す。流水で洗って水気をふき取る。

2 中骨を指でつまみ、中骨をさわりながら腹から尾に向かって動かし、身を開く(手開きにする)。

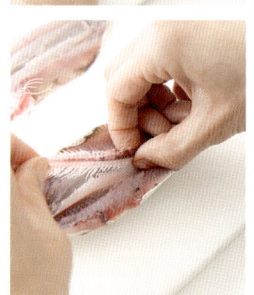

Point ▶▶
いわしは身がやわらかいので、手で簡単に開けます。

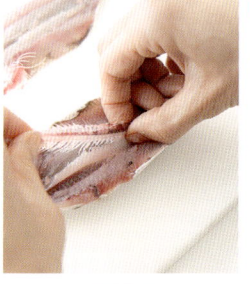

3 尾のほうから中骨を持ち上げ、取り除く。

4 包丁を斜めに入れて腹骨をそぎ落とす。

Point ▶▶
骨が残っていると口当たりが悪いので、しっかり取り除きましょう。

5 皮を身からはぎ取る。

Point ▶▶
すべるようなら、キッチンペーパーなどを使うと作業しやすくなります。

6 5を粗く刻んですり鉢に入れ、かるくする。

7 卵黄、みそ、しょうが汁を加えてすり混ぜる。

卵黄1個、みそ大さじ1、しょうが汁小さじ½

8 ねっとりするまで混ぜたら、片栗粉を加えてすり混ぜる。

片栗粉小さじ1

9 長ねぎは小口切りにする。

10 大根は長さ4cmの細切りにする。

Point ▶▶
大根は繊維にそって細切りにすると煮くずれしにくくなります。

Part 2 魚介の料理

🔥弱火　🔥🔥中火　🔥🔥🔥強火　64

Arrange いわしの蒲焼き

甘いたれをからめて焼けば、ごはんにぴったりのおかずに。

材料(2人分)
- いわし ……………… 2尾
- しいたけ …………… 2枚
- A
  - しょうゆ ……… 大さじ3
  - 酒 ……………… 大さじ1
  - みりん ………… 大さじ1と½
  - 砂糖 …………… 大さじ1
- 薄力粉 ……………… 適量
- 酒 …………………… 大さじ1
- 油 …………………… 少々
- 粉山椒 ……………… 適量

200kcal

作り方

1 いわしは64ページを参考に手開きにし、腹骨をそぎ取る。水気をしっかりふき取り、薄力粉を薄くまぶしつける。しいたけは石づきを切り落とし、4等分に切る。

2 フライパンに油をひいて熱し、いわしを身のほうから並べて焼きつける。あいたところにしいたけも入れて焼き、先に取り出す。

3 いわしにカリッと焼き色がついたら裏返し、皮目も焼きつける。酒を回しかけ、ふたをして30秒蒸し焼きにする。

4 Aを混ぜ合わせてから回し入れ、フライパンをゆすりながらとろみがついて全体にからむまで、1〜2分煮詰める。器にいわしとしいたけを盛りつけ、好みで粉山椒をふる。

---

11 せりは葉先をつむ。

Point ▶▶ 包丁で切らずに、手でつむと香りがよくなります。

調理

12 鍋にAを入れて火にかける。

だし汁2と½カップ、酒大さじ2、薄口しょうゆ大さじ½、みりん・塩各少々

13 煮立ったら大根を加え、再び煮立ったら、8をスプーンですくって落とす。

14 アクを取り除き、長ねぎを加えてさらに2〜3分煮る。器に盛り、せりを散らす。

ココがポイント つみれをおいしく仕上げるには、いわしの下ごしらえが重要。はらわたを取り除いたあと、しっかり水洗いすることと、中骨や腹骨、皮などの余分な部分を取り除くことがポイントです。しょうが汁も臭みを消すのに役立つので、必ず加えましょう。

いかの酢みそ＆かきのおろし酢

さっぱりとした味わいの、魚介の小鉢を2種ご紹介。

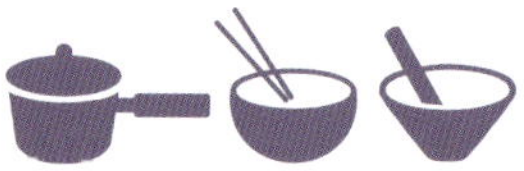

Part 2 魚介の料理

いかの酢みそ

材料 (2人分)

いか（胴）	1ぱい
わけぎ	½わ
A 西京みそ	大さじ4
酢	大さじ1と½
砂糖	小さじ1
練りがらし	小さじ1
酒	大さじ1

→ いかのおろし方は下参照。今回は胴のみを使用。足は炒め物などにおすすめ。
→ みそは好みのものでOK。

かきのおろし酢

材料 (2人分)

かき（生食用）	6〜8粒
大根	¼本
三つ葉	少々
A 酢	大さじ1と½
砂糖	小さじ2
薄口しょうゆ	小さじ1
塩	小さじ⅙

→ 必ず生食用を選ぶ。
→ 辛めの大根おろしが好みなら、根のほうを使う。
→ 仕上がりの色にこだわらなければ、濃口しょうゆでもOK。

●●● いかのおろし方

いかは、まず胴に親指を差し込んで、胴と足をはずし、胴の内側の軟骨を引き抜きます。エンペラ（三角の部分）は、つけ根から切り落とす（足のほうに向かって引っ張ってとってもOK）。
胴は冷水でよく洗い、水気をとって皮をむいて使います。
足の部分は、目のすぐ上から切ってワタをとり、かたい部分（くちばし、目など）を取り除きましょう。

難易度 ★☆☆
調理時間 15分 いかをおろす時間は除く

エネルギー量
165kcal（いか）
65kcal（かき）

おもに使う調理道具

67

◎いかの酢みそ◎

下ごしらえ

1 いかの胴はキッチンペーパーなどを使って皮をむく。

2 半分に切り、表側に浅い格子の切り目を入れ、一口大に切る。

調理

3 鍋に湯を沸かし、わけぎを入れてさっとゆで、取り出す。

Point ▶▶ わけぎが長ければ、長さを半分に切ってもOK。

4 まな板の上にのせ、中のぬめりを包丁の背でかき出し、長さ4cmに切る。

5 すり鉢にAの調味料を入れ、すり混ぜる。

西京みそ大さじ4、酢大さじ1と1/2、砂糖・練りがらし各小さじ1

6 鍋にもう一度湯を沸かし、酒を加える。

酒大さじ1

Point ▶▶ いかの臭みをとるために、酒を加えます。

7 沸騰したら、2のいかを入れてゆでる。

8 いかの切り目が開いてきたらざるに上げ、5に加える。

Point ▶▶ ゆですぎるとかたくなるので、切り目が開いてきたら取り出しましょう。

仕上げ

9 全体を大きく混ぜ合わせる。

Point ▶▶ ゴムべらを使うと混ぜ合わせやすいです。

ココがポイント いかに格子状の切り目を入れておくと、酢みそがよくからまります。いかはゆですぎるとかたくなるので、切り目が開いてきたら取り出しましょう。わけぎはゆでたあと、ぬめりをとるのを忘れずに。

Part 2 魚介の料理

🔥弱火 🔥🔥中火 🔥🔥🔥強火

◎かきのおろし酢◎

下ごしらえ

1 大根は皮をむき、すりおろす。

2 1をざるに上げ、水気をきる。

Point ▶▶ おろしたときに出る汁も、かきを洗うときに使います。

3 2の水気をきった大根おろしのうち100gを、Aの調味料と合わせる。

酢大さじ1と1/2、砂糖小さじ2、薄口しょうゆ小さじ1、塩小さじ1/6

4 3で残った大根おろしと大根の汁を合わせ、水を加える。

Point ▶▶ 水を加え、かきを洗うのに必要なくらいの水量に調節します。

5 かきを入れ、やさしくかき混ぜながら洗う（ふり洗いする）。

6 大根に汚れが移ったら、かきを水でさっと洗って水気をきる。

Point ▶▶ 長時間水につけると、かきのうまみがなくなるので、さっと洗いましょう。

7 鍋に湯を沸かし、三つ葉をさっとゆでる。

Point ▶▶ 茎の部分だけを先に湯につけ、しんなりしたら全体を入れてすぐに取り出します。

8 水気をしぼり、長さ3cmに切る。

仕上げ

9 3のボウルに、6のかき、8の三つ葉を加えてあえる。

ココがポイント
生食用のかきは、そのままでも食べられますが、大根おろしでふり洗いしておかないと、おろし酢であえたときに黒っぽくなってしまいます。かきの色を白くきれいに仕上げたいときは、大根おろしでふり洗いしましょう。

盛りつけのきまりごと

料理をおいしく見せるために、盛りつけのきまりごとも覚えておきましょう。

長手皿に盛りつける場合

長い皿に盛りつける場合は、2カ所に分けて盛りつけるとよいでしょう。同じものなら、切り方を工夫して2つに分けて盛りつけます。また、違うものをいっしょに盛り合わせてもよいでしょう。

違うものを数種、盛り合わせる
漬け物や刺し身など、種類の違うものを盛り合わせてもよい。

同じものを切り方を工夫して盛る
形よく小さめに切り、2つを重ね合わせるように盛りつける。

平皿に盛りつける場合

平らな器に盛りつける場合は、奥が高く、正面が低くなるように、立体的に盛りつけます。薬味や辛みを添える場合は、手前にバランスよく盛りつけましょう。

刺し身の場合
大根のつまや海藻などを奥に盛り、刺し身を添えるように盛りつける。薬味やわさびは手前にバランスよく、刺し身より高くならないように。

焼き魚の場合
頭を左に、腹を前にして盛りつける。大根おろしやつけ合わせを添えるときは、手前におくとバランスがとれる。

鉢に盛りつける場合

少し深さのある鉢に盛りつける場合は、こんもりと山になるように盛りつけます。また、形がしっかりしているものは、積み重ねて盛りつけてもよいでしょう。

こんもりと盛る
いくつかの素材の入った煮物なら、食材の彩りを見て、バランスよく盛りつける。また、万能ねぎや絹さやなどでアクセントをつける。

積み重ねて盛る
ひとつひとつの形がしっかりとしているものは、食べやすいように切って、積み重ねて盛りつけても。

料理に合わせて器を選ぶ

料理を盛りつける器を選ぶときは、器の素材や模様、色合いなどを見て、温かい料理には温かみのある器を、冷たい料理には涼しげな器を選ぶとよいでしょう。
盛りつける前にも、温かい料理を盛りつけるなら器を湯にくぐらせたり、冷たい料理なら器を氷で冷やしておいたりすると、より料理がおいしくなります。

Part 3

肉の料理

肉を使った、和食料理を紹介します。

おなじみの肉料理も、材料の選び方や味つけのポイントなど、

ちょっとしたコツをおさえれば

今までより一層おいしく作ることができます。

鶏の竜田揚げ

下味をつけ、片栗粉をまぶして揚げるだけ！

Part 3　肉の料理

材料 (2人分)

- 鶏もも肉 …… 1枚 (200～250g)
- ししとう …… 6本
- [下味]
  - しょうゆ …… 大さじ1
  - 酒 …… 小さじ1
  - しょうが汁 …… 小さじ1
- 片栗粉 …… 適量
- 揚げ油 …… 適量

➡ 甘みのないすっきりとした下味。甘みを加えるなら、みりん小さじ1を加える。

●●●● 竜田揚げとから揚げの違いは？

竜田揚げとから揚げ、どちらも下味、粉をつけて油で揚げる料理ですが、竜田揚げは片栗粉をまぶして揚げるのが特徴です。
そもそも「竜田」とは、紅葉が流れる竜田川（奈良県）が名称の由来で、片栗粉をつけて揚げたときに、油がきれて白くなる部分と、下味が見えて赤く見える部分のコントラストが、紅葉の景色を思わせることから名付けられました。ですから竜田揚げは、油をきって白くなっているところが見えるように盛りつけるのが基本です。

●●●● 揚げたてを食べるか、冷めてもおいしく仕上げるか

竜田揚げは片栗粉をまぶして揚げますが、片栗粉をつけて揚げると、揚げたてはカラリと仕上がりますが、冷めたときはベチャッとなります。
お弁当などのおかずとして、冷めてもおいしく作りたいときは、薄力粉を半量混ぜて作るとよいでしょう。薄力粉は、揚げたてはしっとりしていますが、冷めたときにサクッと仕上がります。

難易度 ★★☆

調理時間 20分

エネルギー量 301kcal

おもに使う調理道具

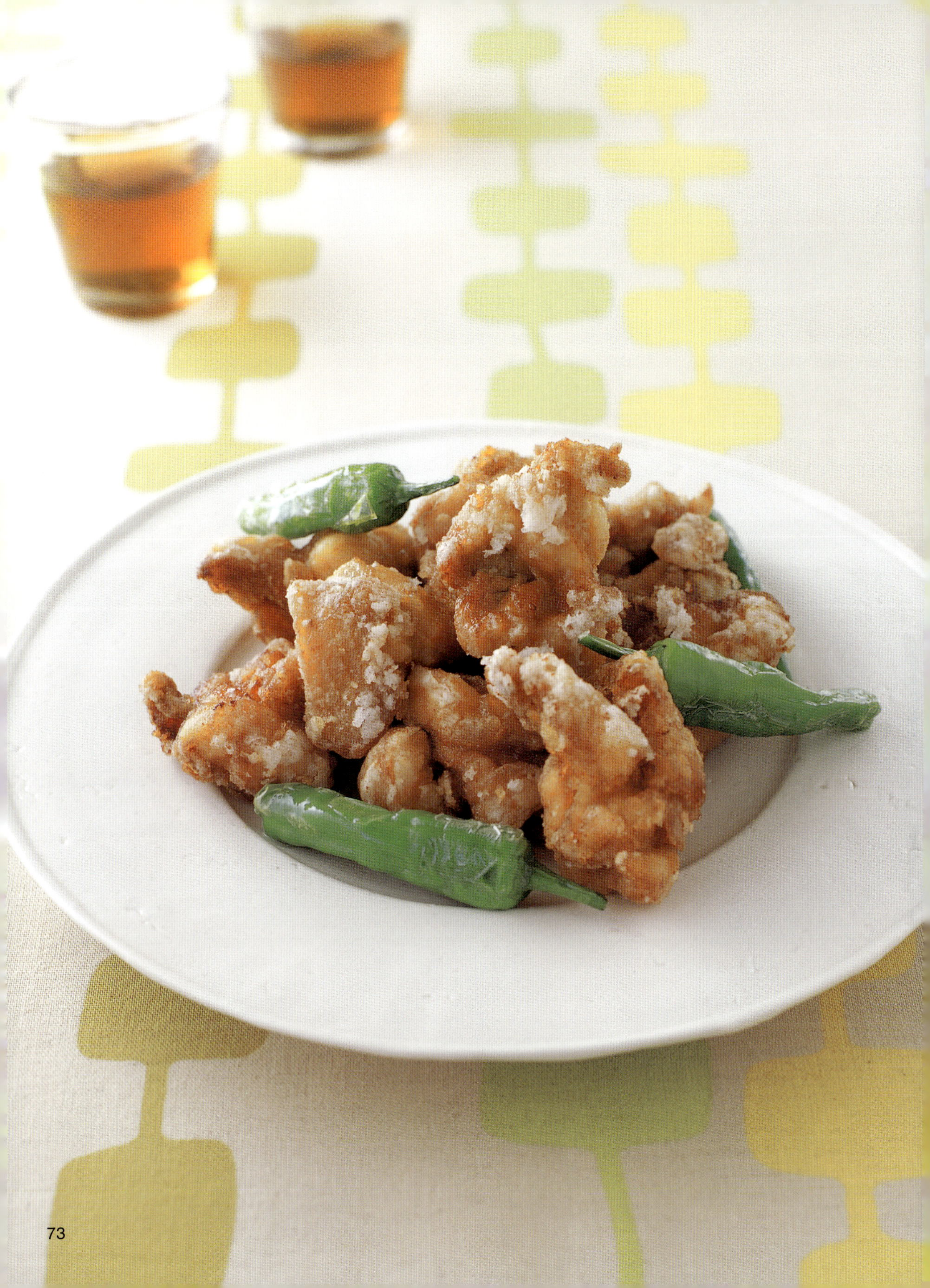

下ごしらえ

1 鶏肉は余分な脂肪を取り除く。

Point ▶▶ 黄色い脂肪は臭みの原因になるので、きれいに取り除きましょう。

2 一口大にそぎ切りする。

Point ▶▶ 包丁を斜めに入れてそぎ切りにすると、肉の繊維が切れてやわらかくなります。

3 ししとうは包丁の先で切り目を入れる。

Point ▶▶ 油で揚げたときに破裂しないように、切り目を入れておきます。

4 ボウルに下味の調味料を混ぜ合わせる。

しょうゆ大さじ1、酒・しょうが汁各小さじ1

5 2の鶏肉を4に入れて下味をもみ込み、7分くらいおく。

6 キッチンペーパーをしいたバットに鶏肉を取り出し、汁気をきる。

Point ▶▶ 片栗粉がつきすぎないように、汁気はかるくきっておきましょう。

7 6に片栗粉をまぶしつける。

Point ▶▶ さっとまぶしつける程度でOKです。

調理

8 フライパンに揚げ油を入れて中温(170℃)に熱し、3のししとうを入れて揚げ、取り出す。
🔥🔥

9 続いて7の鶏肉を入れる。
🔥🔥

10 すぐにさわらずに、表面が固まるまでそのままに。
🔥🔥

Part 3 肉の料理

🔥弱火 🔥🔥中火 🔥🔥🔥強火　74

Arrange 鶏胸肉の利久揚げ

淡白な味わいの胸肉には、ごまをつけて揚げるのがおすすめ。

材料(2人分)
- 鶏胸肉 ………… 1枚(200g)
- A [しょうゆ ………… 大さじ1
-    みりん ………… 大さじ½]
- 卵白 ………………… 1個分
- 黒ごま ……………… 大さじ2
- 白ごま ……………… 大さじ2
- 揚げ油 ……………… 適量
- すだち ………………… 1個

446kcal

作り方
1 鶏肉は一口大にそぎ切りにし、Aの調味料をまぶし、7分おく。
2 黒ごまと白ごまを混ぜ合わせる。
3 1の汁気をふき取り、溶きほぐした卵白にくぐらせ、2をまぶしつける。
4 フライパンに揚げ油を入れて中温(170℃)に熱し、3を入れてこんがりと揚げる。
5 揚げ網に取り出して油をきり、器に盛る。半分に切ったすだちを添える。

ごまをつけて揚げる利久揚げ
安土桃山時代の茶人・千利休がごまを使った料理を好んだことより、ごまを使った料理に「利久」または「利休」の名がついたといわれています。利久揚げのほか、利久煮、利久仕立てなどがあります。

11 表面が固まってきたら、裏返す。
🔥〜🔥🔥

12 泡が小さくなってきたら、揚げ上がりのめやす。
🔥〜🔥🔥

13 揚げ網に取り出し、油をきる。上になっていたほうを上にして器に盛りつける。ししとうも添える。

Point ▶▶
油がきれてくると、表面が白っぽくなるので、白っぽくなったほうを上に盛りつけます。

ココがポイント
片栗粉のころもははがれやすいので、揚げ油に鶏肉を入れたら、しばらくさわらないことがポイントです。
また、鶏肉同士が重ならないように、大きめの鍋で揚げます。大きな鍋がない場合は、一度にたくさん入れずに、少しずつ揚げるとよいでしょう。
油の温度が下がると、仕上がりがベチャっとするので、鶏肉のまわりに油の泡が出るくらいの火加減をキープしましょう。
揚げ終わったら、表面に白い部分ができるまでしっかり油をきってください。

牛肉の八幡巻き

ごぼうやにんじんに牛肉のうまみがしみ込みます！

Part 3 　肉の料理

材料 (2人分)

牛薄切り肉	200g
ごぼう	18cm
にんじん	1本

→ ごぼうの長さに合わせて、1cm角の棒状のものを3本とる。

A
だし汁	½カップ
酒	大さじ½
みりん	大さじ½
薄口しょうゆ	大さじ½

→ ごぼうとにんじんを煮る用の煮汁

B
しょうゆ	大さじ1と½
みりん	大さじ1
砂糖	大さじ½
しょうが汁	小さじ1

→ 肉にからめるたれ。

薄力粉	適量
油	少々

[つけ合わせ]
きゅうり	1本

→ つけ合わせの、蛇腹きゅうりを作る。

●●● ごぼうを選ぶときのポイント

ごぼうは、太さもいろいろで選ぶときに迷いがちですが、太すぎるものは、真ん中にすが入っていることが多いので避けたほうがよいでしょう。
また、漂白をしていない泥つきのもののほうが日持ちもし、味わいもよいです。

●●● 味つけしたごぼうを芯にするのが八幡巻き

八幡巻きは、味つけしたごぼうを芯にして、うなぎや穴子、牛肉などを巻きつけた料理のことをいいます。
もともとは、ごぼうの産地の京都府八幡町の郷土料理が由来。今ではおせち料理として作られることもあります。

難易度 ★★☆
調理時間 25分
エネルギー量 474kcal
おもに使う調理道具

77

◎牛肉の八幡巻き◎

下ごしらえ

1 ごぼうは包丁の背でこすり、皮をこそげ取る。

2 縦に半分に切り、さらに3等分に切る。

3 水にさっとさらし、水気をきっておく。

Point ▶▶
水につけるのは2分程度でOKです。

4 にんじんは皮をむき、ごぼうの長さに合わせて1cm角の棒状に切る。これを3本用意する。

5 フライパンに **A** の調味料を合わせて火にかける。

🔥🔥

だし汁½カップ、酒・みりん、薄口しょうゆ各大さじ½

6 煮汁が煮立ったらごぼうを入れ、弱めの中火で2分ほど煮る。

🔥～🔥🔥

7 続いてにんじんを加え、さらに2分ほど煮て火を止める。

🔥～🔥🔥 ➡ 止める

8 煮汁を別の容器に移し、ごぼうとにんじんは粗熱をとる。

Point ▶▶
野菜のうまみがしみ出た煮汁は、あとで肉にからめるのでとっておきます。

9 **B** の調味料と **8** の煮汁を合わせておく。

しょうゆ大さじ1と⅓、みりん大さじ1、砂糖大さじ½、しょうが汁小さじ1

10 牛肉はごぼうの長さに合わせ重ねて広げ、茶こしで薄力粉をかるくふる。

Point ▶▶
牛肉でごぼうとにんじんを巻いたものを3本作るので、牛肉も3等分くらいにしておく。

Part 3 肉の料理

🔥弱火 🔥🔥中火 🔥🔥🔥強火   78

◎蛇腹きゅうり◎

下ごしらえ・調理

1 きゅうりは縦にところどころ皮をむく。

2 下まで切らないように気をつけながら斜めに切り目を入れる。

3 2を裏返し、同じように斜めに切り目を入れる。

> **Point ▶▶**
> 切り目を入れる方向は同じ方向でOKです。

4 ボウルに3％の塩水を作り、きゅうりをひたして10分ほどおく。

> **Point ▶▶**
> 3％の塩水は、水1カップに対して塩小さじ1がめやす。

5 しんなりしたら手でギュッとしぼり、一口大に切り、切り目を開くようにひねって盛りつける。

11 8のごぼう2本とにんじん1本をのせ、くるくると巻く。同じようにあと2本作る。

12 11の表面にも、茶こしで薄力粉をふる。

調理

13 フライパンに油をひいて熱し、12を巻き終わりを下にして並べて焼く。

14 全体に焼き色がつくまで焼いたら、9の調味液を加え、煮汁が少なくなるまでからめる。食べやすい大きさに切って器に盛る。

ココがポイント
牛肉に薄力粉をふりかけておくと、のりの役割になるので、肉同士が離れずにきれいに仕上がります。また、表面につけておいた薄力粉が調味液にとろみをつけるので、肉にからみやすくなります。

豚の角煮

豚肉の脂もうまみの一つ。上手に落としてすっきりとした味わいに。

Part 3 肉の料理

材料 （作りやすい分量）

- 豚バラ肉（かたまり）……600g
- 米のとぎ汁……適量
- 長ねぎ（青い部分）……1本分 ┐ 肉の臭みを消すために入れる。
- しょうが（薄切り）……1〜2枚 ┘
- A
  - 水……4カップ
  - 酒……1カップ
  - しょうゆ……大さじ4
  - 砂糖……大さじ3 → 甘さは好みで加減して。
  - みりん……大さじ1
- からし……適量

難易度 ★★☆

調理時間 2時間半

エネルギー量 818kcal（全量）

おもに使う調理道具

弱火　中火　強火

下ごしらえ

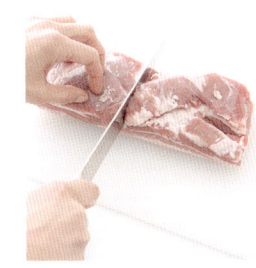

1 豚バラ肉は鍋に入りやすいように半分に切る。

Point ▶▶ ゆでると筋が縮むので、なるべく大きいままに。

2 鍋に1を入れ、かぶるほどの米のとぎ汁を注いで火にかける。煮立ったら弱火にし、15分ほど下ゆでしてアクをとり、取り出す。

Point ▶▶ 米のとぎ汁がなければ、水に米大さじ1を入れたものでゆでます。

3 水でざっと洗う。

Point ▶▶ 表面のアクを落とすために洗います。

4 食べやすい大きさに切る。

Point ▶▶ 肉の筋が縮んでから切るほうが、形がそろいます。

調理

5 鍋に4を入れ、長ねぎとしょうがをのせ、Aの調味料を入れて火にかける。

水4カップ、酒1カップ、しょうゆ大さじ4、砂糖大さじ3、みりん大さじ1

Point ▶▶ 鍋の大きさは、肉がぴったり入るくらいの小さめのものに。

6 煮立ったら弱火にし、アクを取り除く。

Point ▶▶ ここでもアクが出るのでしっかりとりましょう。

7 紙の落としぶたをし、ふたをずらしてかけ、1時間30分〜2時間、ゆっくり煮る。器に盛り、からしを添える。

ココがポイント 煮上がってすぐでもおいしいですが、鍋に入れたまま一度冷まし、表面に固まった脂肪を取り除くと、すっきりとした味わいになります。

煮豚ととろとろ煮卵

ほろほろとやわらかい煮豚と、とろとろの煮卵をいっしょに。

Part 3 肉の料理

材料（作りやすい分量）

豚肩ロース肉（かたまり）	400g	→ 脂肪と赤身のバランスのよい肩ロースを選ぶ。
卵	4個
長ねぎ（青い部分）	1本分	→ 肉の臭みを消すために入れる。
しょうが（薄切り）	1〜2枚
A 酒	1/2カップ
しょうゆ	1/3カップ
砂糖	大さじ2〜4	→ 甘さは好みで加減して。
みりん	1/4カップ
塩	少々

難易度 ★★☆

調理時間 **2**時間

エネルギー量 **718**kcal（全量）

おもに使う調理道具

🔥弱火　🔥🔥中火　🔥🔥🔥強火

調理

1 豚肉はかたまりのまま鍋に入れ、**A**の調味料を注ぐ。

酒½カップ、しょうゆ⅓カップ、砂糖大さじ2〜4、みりん¼カップ

Point ▶▶ 鍋の大きさは、豚肉がぴったり入るくらいに。

2 長ねぎとしょうがをのせ、肉がかぶるくらいまで水を注ぎ、火にかける。

3 煮立ったら弱火にしてアクをとり、紙の落としぶたをし、ふたをずらしてかけて30分煮る。

4 一度裏返し、再び落としぶたをし、ふたをずらしてかけて1時間ゆっくりと煮る。

5 別の鍋に卵を入れ、かぶるくらいの水と塩を入れて火にかける。煮立ったら弱火にし、5分ゆでる。水にとって手早く冷まし、水の中でひびを入れ、殻をむく。

♨♨〜♨ ➡ 止める

Point ▶▶ 半熟卵に仕上げるなら、煮たってから5分がめやす。半熟卵は殻がむきにくいので、水の中でむきましょう。

6 煮上がったあとの煮汁に、殻をむいた卵を入れ、そのまま20分以上ひたして味を含ませる。

Point ▶▶ 火にかけると卵の黄身が固まってしまうので、豚肉の火を止めてから加えます。

ココがポイント
煮豚は長時間煮るほど、やわらかく仕上がります。ゆで卵を半熟のままにしたい場合は、煮豚が煮上がったあと、火を止めてから加えましょう。ただし、煮汁が冷たくなってからでは卵に味が移らないので、粗熱がとれたくらいで加えましょう。

筑前煮

鶏肉と根菜を順番に煮ていくだけの、彩りのきれいな一品。

材料 (2人分)

鶏もも肉	1枚 (200g)	
ごぼう	½本 (100g)	→ 泥つきのほうが日持ちする。
れんこん	1節 (100g)	
にんじん	½本 (80g)	
干ししいたけ	4〜6枚	
絹さや	12枚	→ 別にゆでておく（下参照）。
だし汁	2カップ	
酒	大さじ2	
A ┌ 薄口しょうゆ	大さじ2	→ 仕上がりの色が濃くなってもよければ、濃口しょうゆでもOK。
│ しょうゆ	大さじ2	
│ みりん	大さじ2	
└ 砂糖	大さじ2	→ 甘さは好みで調節して。
油	少々	

Part 3 肉の料理

●●● **野菜の切り方で、火の通り、味のしみ込みがよくなる**

火の通りにくい根菜などを煮ていくときは、野菜の切り方も重要。乱切りのように断面の数が多くなるように切ると、火の通りをよくするだけでなく、味のしみ込みもよくなります。
仕上がりをきれいにするためには、同じ大きさに切りそろえることもポイント。火の通りやすさが違う野菜は、火の通りにくい野菜から、時間差で煮ていくとよいでしょう。

●●● **彩りに使う絹さやは別にゆでる**

筑前煮などの煮物の彩りに添える絹さやなどの緑の野菜は、加熱しすぎると色が悪くなってしまうので、別にゆでておきます。絹さやは熱湯でさっとゆでたあと、色をきれいに保つため、氷水にとって一気に冷まし、ざるにとって水気をきります。

難易度 ★☆☆

調理時間 25分

エネルギー量 384kcal

おもに使う調理道具

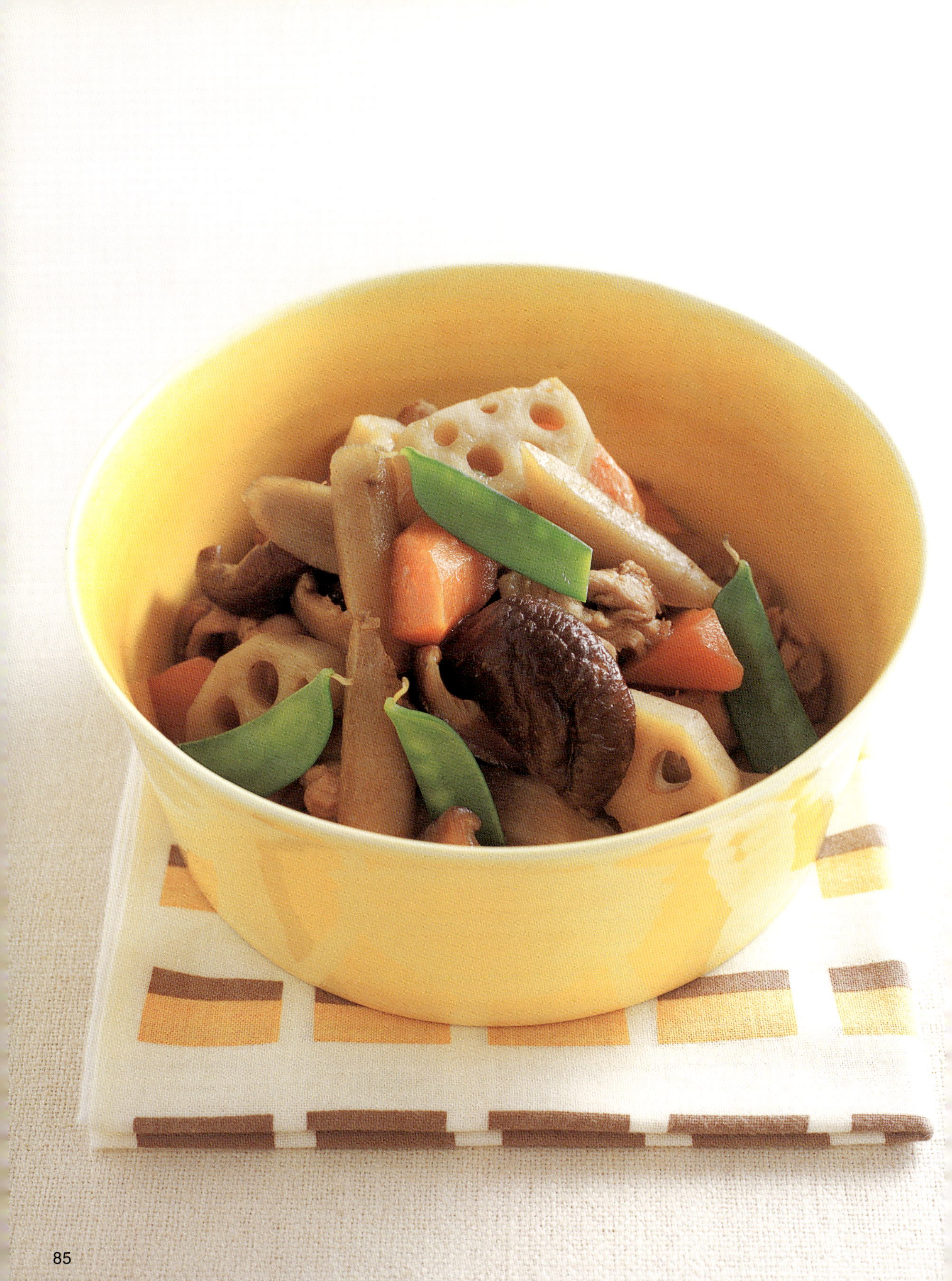

下ごしらえ

1 干ししいたけはかぶるほどの水に入れ、やわらかく戻す。

2 ごぼうは皮をこそげ取り、乱切りにし、さっと水につけて水気をきる。

3 れんこんは皮をむき、半月切りにして、さっと水につけて水気をきる。

4 にんじんは皮をむき、乱切りにする。

5 鶏肉は黄色い脂肪を取り除き、一口大のそぎ切りにする。

> **Point ▶▶** 包丁を斜めに入れてそぎ切りにすると、繊維が断ち切れてやわらかくなります。

6 戻したしいたけは軸を落として半分に切る。

調理

7 鍋に油を入れて熱し、鶏肉を炒める。
🔥🔥

8 肉の表面の色が変わったら、水気をきったごぼうとれんこんを加えてざっと炒める。
🔥🔥

9 全体に混ざり合ったら、だし汁を注ぐ。
🔥🔥
だし汁2カップ

10 煮立ったら、酒としいたけを加える。
🔥🔥
酒大さじ2

🔥弱火　🔥🔥中火　🔥🔥🔥強火

Part 3 肉の料理

Arrange 治部煮

肉に粉をまぶして煮る、金沢の郷土料理。

材料(2人分)
- 鶏もも肉 ……………… 1枚
- しめじ ………………… ½パック
- 生麩 …………………… 4枚
- A
  - だし汁 …………… 1と½カップ
  - みりん …………… 大さじ3
  - しょうゆ ………… 大さじ2
  - 砂糖 ……………… 小さじ1
- 薄力粉 ………………… 小さじ2
- わさび ………………… 少々

381kcal

作り方
1. 鶏肉は黄色い脂肪を取り除き、一口大のそぎ切りにし、薄力粉を薄くまぶす。
2. しめじは石づきをとり、小房に分ける。
3. 鍋にAの調味料を入れて火にかけ、煮立ったら1を1つずつ入れ、7分ほど煮る。
4. しめじと生麩を加え、さらに3分ほど煮る。器に盛り、わさびを添える。

餅のような食感の生麩

懐石料理や精進料理に欠かせない生麩は、グルテンにもち粉を加えて練り、蒸すかゆでるかしたもの。餅のような食感で、煮物、椀物、寄せ鍋などの具として用いられます。色づけして、紅葉やいちょうなどの形になった細工麩もあります。

---

11 アクをとり、5分煮る。

Point ▶▶ 水を入れたボウルを用意し、網じゃくしをすすぎながらアクをとります。

12 にんじんを加えて2分ほど煮る。

13 Aの調味料を加え、野菜がやわらかくなるまで煮る。

薄口しょうゆ・しょうゆ・みりん・砂糖各大さじ2

14 煮汁が少なくなってきたら、鍋を回して煮汁を行き渡らせながら煮詰める。器に盛り、彩りにゆでた絹さやを散らす。

ココがポイント 根菜を煮るときは、火の通る早さに合わせて順番に加えていくと、野菜のやわらかさがそろい、おいしく仕上がります。また、野菜の色を残したいものは、最後のほうに加えます。

しいたけつくね焼き

肉汁がしいたけにしみ込みます。肉がはがれないようにするコツをおさえれば簡単。

Part 3　肉の料理

材料 (2人分)

しいたけ	6〜8枚
鶏ひき肉	180g
卵	1個
長ねぎ	¼本
A　みそ	小さじ2
しょうが汁	小さじ½
片栗粉	小さじ½
みりん	小さじ½
塩	少々
薄力粉	適量
酒	大さじ2
油	小さじ2
ししとう	4本
けしの実	少々

- しいたけ → 肉だねがつめられるように、くぼみのある形のものを選ぶ。
- 片栗粉 → 肉だねのつながりをよくする。
- ししとう → つけ合わせに添える。
- けしの実 → 飾りつけにふる。

●●● ひき肉は使う日に購入を

ひき肉は、ひくときに空気に触れているため、かたまり肉よりも鮮度が落ちやすくなります。できるだけ使う日に購入するのがおすすめです。全体に色鮮やかで、変色していないものを選びましょう。

また、鶏ひき肉の場合は、部位が表示されていることも。もものひき肉は、脂肪分が多くジューシーな仕上がりになります。一方、むねのひき肉は脂肪が少なくさっぱりとした味わいになります。好みで使い分けるとよいでしょう。

●●● ひき肉はしっかり混ぜるのがコツ

しいたけのつくね焼きなどのような、肉だねを作る料理のときは、ひき肉をしっかり混ぜ合わせるのがポイントです。ひき肉は混ぜることによって、肉同士の結着がよくなり、焼いたときにひび割れにくくなります。

難易度 ★★☆
調理時間 25分
エネルギー量 268kcal
おもに使う調理道具

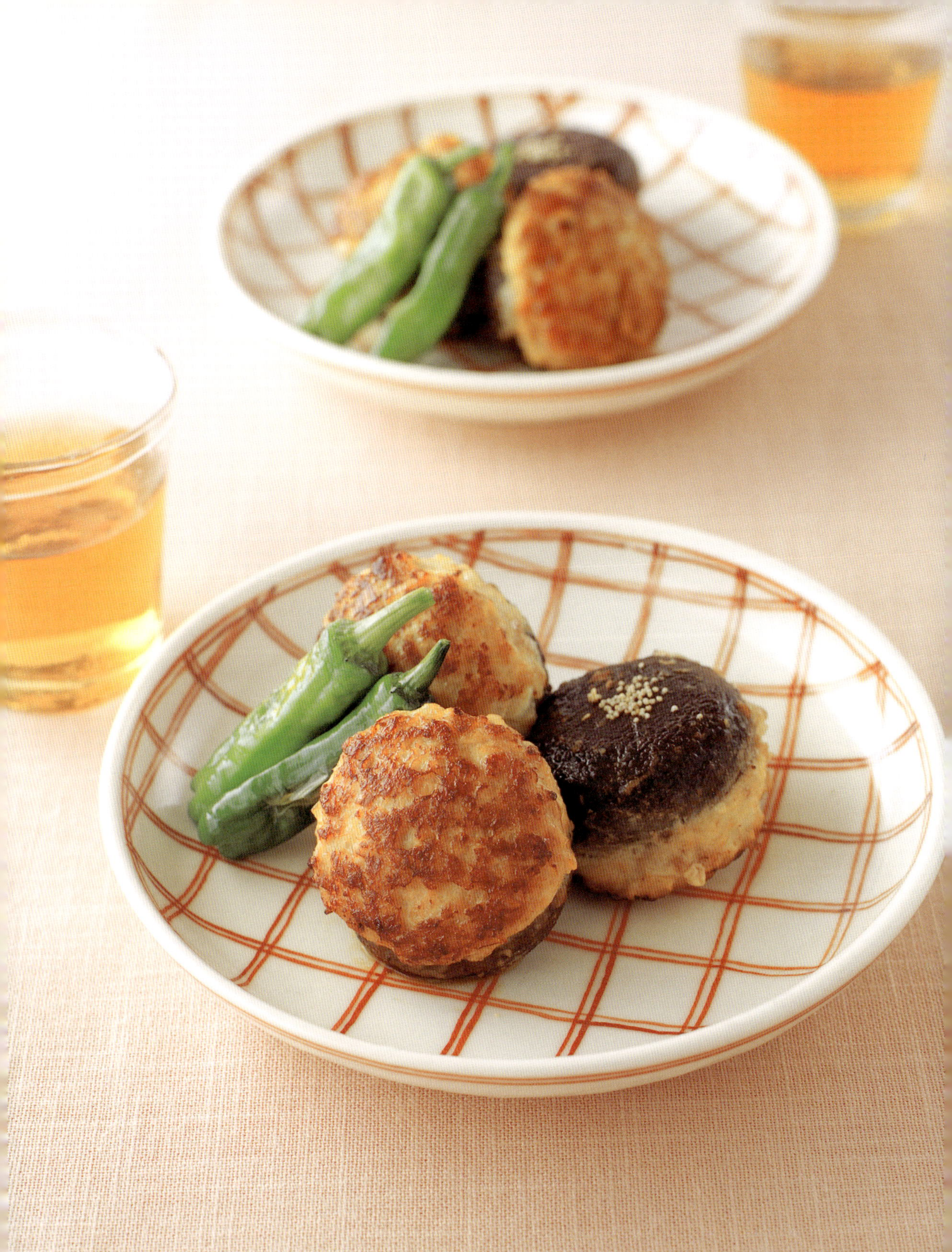

下ごしらえ

1 しいたけは軸をひねり取る。

2 内側のひらひらした部分をスプーンなどでおさえて平らにする。

> **Point ▶▶**
> 肉だねをつめやすい形にととのえましょう。

3 長ねぎは縦に細切りにする。

4 細切りにしたものをそろえて、みじん切りにする。

5 ボウルにひき肉、長ねぎ、卵、**A**の調味料を加えて混ぜる。

みそ小さじ2、しょうが汁・片栗粉・みりん各小さじ½、塩少々

6 ねっとりするまでよく練り混ぜる。

> **Point ▶▶**
> 焼いたときにひび割れないように、しっかりと混ぜ合わせましょう。

7 **2**のしいたけの内側に、茶こしで薄力粉をふる。

> **Point ▶▶**
> 薄力粉がのりの役割になり、肉だねとしいたけをくっつけます。

8 **7**に**6**をこんもりとのせる。

> **Point ▶▶**
> かさの隅までギュッとつめ、スプーンなどで形をととのえます。

調理

9 フライパンに油を入れて熱し、**8**を肉のほうを下にして並べ、焼き始める。
🔥🔥

10 肉にこんがりと焼き色がついたら裏返す。
🔥🔥

Part 3 肉の料理

🔥弱火　🔥🔥中火　🔥🔥🔥強火

Arrange のし鶏

平らにのして、オーブンで焼くだけ！

材料（作りやすい分量）

鶏ひき肉	350g
長ねぎ	½本
卵	1個
A 薄力粉	大さじ1
薄口しょうゆ	小さじ1
塩	小さじ¼
しょうが汁	小さじ1
けしの実	大さじ3

861kcal（全量）

作り方

1 長ねぎはみじん切りにする。

2 ボウルにひき肉、**1**、卵、**A**の調味料を加え、ねばりが出るまでしっかりと練り混ぜる。

3 バットまたはアルミホイルで角型を作り、**2**を厚さ2cmに平らにしきつめる。けしの実を表面全体にふる。

4 190℃のオーブンで20分焼く（少し薄めに作ってオーブントースターで15分焼いてもよい）。肉がふたまわり縮み、澄んだ肉汁が出ていれば焼き上がり。冷めるのを待って切り分ける。

のし鶏を型抜きしておせち料理に

のし鶏は、日持ちがし冷めてもおいしいので、おせち料理の1品に加えるのもおすすめ。オーブントースターなどで薄く作り、梅や松などの型で抜けば、見栄えもよくなります。

---

11 しいたけがしんなりしてきたら酒をふり入れ、ふたをする。

酒大さじ2

12 1～2分蒸し焼きにする

13 ふたをとり、あいているところにししとうを加えて焼く。竹串をさしてみて、透明な肉汁が出てきたら、水分を飛ばすように1分ほど焼く。器に盛り、けしの実を飾り、ししとうを添える。

ココがポイント

しいたけは、かさの部分がくぼんでいるものを選びましょう。また、肉だねとしいたけがはがれないように、かさの内側に薄力粉を薄くまぶしておきます。

肉だねがひび割れたり、くずれたりしないために、ねっとりするまで混ぜておくこともポイントです。

焼くときは裏返すとき以外はさわらないようにし、酒を加えて蒸し焼きにして、中までしっかり火を通します。

肉みそ

ごはんのお供に最適。ひき肉の常備菜としておすすめです。

Part 3 肉の料理

材料 （作りやすい分量）

- 豚ひき肉 …………………… 250g
- ピーマン …………………… 2個
- なす ………………………… 1本
- 長ねぎ ……………………… 1本
- しょうが …………………… ½かけ → 10gくらいがめやす。
- A
  - みそ ……………………… 100〜120g
  - 砂糖 ……………………… 大さじ2 → みその甘さによって、分量は調節して。
  - 酒 ………………………… 大さじ1
  - みりん …………………… 大さじ1
- 薄力粉 ……………………… 大さじ1 → とろりとしたとろみをつけるために入れる。
- 油 …………………………… 大さじ2

●●● **豚ひき肉の選び方**

豚ひき肉を選ぶときは、店によって脂肪の分量が違うので、赤身と脂肪の割合をチェックしましょう。白っぽい部分が多ければ、脂肪が多くなります。肉みそなどを作るときは、脂肪が多いと油っこくなるので、赤身が多めのものを選んだほうが味わいがすっきりします。ハンバーグなど、ジューシーな肉汁を楽しみたいときは、脂肪があるほうがよいでしょう。
今回のように、なすなどの野菜を加えて作ると肉汁がしみ込むので、脂肪が多い肉のときにはぜひ野菜を加えて調整しましょう。

●●● **ひき肉が余ったときに、作っておくと便利**

肉みそは豚ひき肉だけでなく、合いびき肉でもおいしくできます。ひき肉が余ったときなどに作って保存しておくとよいでしょう。密封容器に入れて冷蔵庫で4〜5日間、冷凍庫なら2週間は保存可能です。冷凍したあとに食べる場合は、電子レンジで解凍するか、自然解凍してかるく炒め直せばOK。

難易度 ★★☆

調理時間 25分

エネルギー量 1153kcal（全量）

おもに使う調理道具

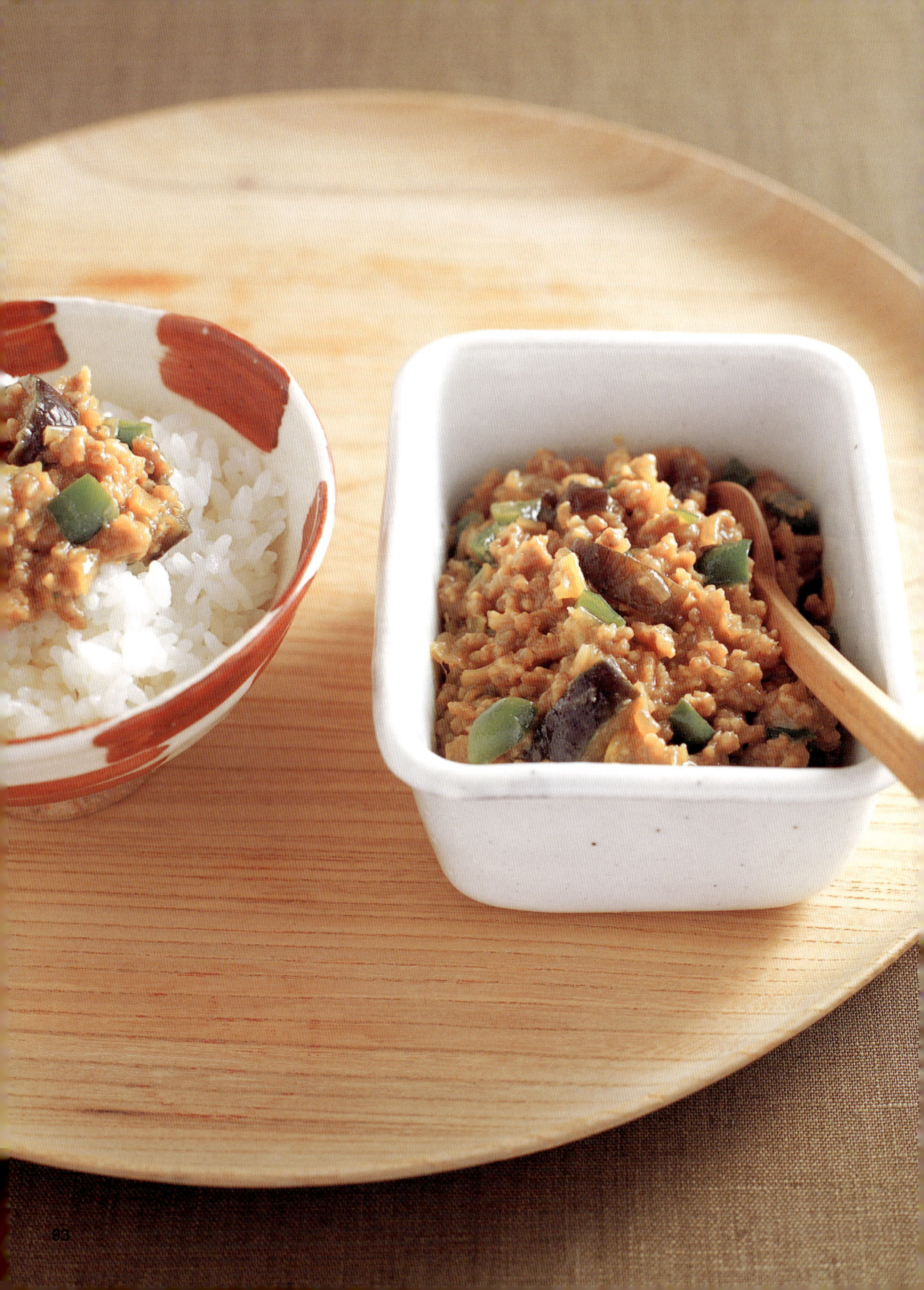

下ごしらえ

1 長ねぎは縦に細切りにし、そろえてみじん切りにする。

2 しょうがはみじん切りにする。

3 ピーマンは縦半分に切り、ヘタと種を取り除く。

> **Point ▶▶**
> 白いワタの部分も取り除きましょう。

4 縦に細切りにする。

5 細切りにしたものをそろえて、みじん切りにする。

6 なすはヘタを切り落とし、縦4等分に切る。

7 6をそろえて、厚さ5mmくらいに細かく切る。

調理

8 フライパンに油を入れて熱し、ひき肉を入れて炒める。
🔥🔥

9 肉がポロポロになったら、長ねぎとしょうがを加えて炒める。
🔥🔥

10 続いてなすを加えて炒め合わせる。
🔥🔥

Part 3 肉の料理

🔥弱火　🔥🔥中火　🔥🔥🔥強火

Arrange 牛肉のしぐれ煮

ごぼうやえのきたけを加えてボリュームを出します。

材料（作りやすい分量）
- 牛細切れ肉　300g
- しょうが　1かけ
- ごぼう　½本（100g）
- えのきたけ　1袋（100g）
- A
  - だし汁　1と½カップ
  - しょうゆ　大さじ3と½
  - 酒　大さじ1
  - みりん　大さじ2
  - 砂糖　大さじ1と½
- 油　大さじ1

1304kcal（全量）

作り方

1 しょうがは細切りにする。ごぼうはささがきにして、さっと水にくぐらせ水気をきる。えのきたけは石づきを落とし、長さを半分に切ってほぐしておく。

2 フライパンに油を入れて熱し、ごぼうを炒める。全体に油がまわったら、牛肉としょうがを加えてざっと炒める。

3 えのきたけ、Aの調味料を加え、煮立ったらアクをとり、汁気がなくなるまで強めの中火で混ぜながら煮る。

---

11 なすがしんなりしてきたら、薄力粉を加え、粉っぽさがなくなるまで炒める。

薄力粉大さじ1

12 Aの調味料を加え、炒め合わせる。

みそ100～120g、砂糖大さじ2、酒・みりん各大さじ1

13 焦げつきやすいのでたえず混ぜながら、みそのかたさになるまで練り上げる。

14 最後にピーマンを加え、ひと混ぜする。

ココがポイント

調味料を加えると焦げやすくなるので、たえずかき混ぜながら水分を飛ばしましょう。みじん切りにしたピーマンは火の通りが早いので、最後に加え、緑の色も残しましょう。

器の正面の見分け方

普段使いの器の、正面の見分け方を覚えておきましょう。

和食器には正面があり、食べる人に器の正面を向けておくのが基本です。
器の正面を見分けるポイントは次の2つ。
- 器に文様が入っている場合は、食べる人に文様がよく見えるようにおく。
- 器の前後に高低差がある場合は、低いほうが正面。

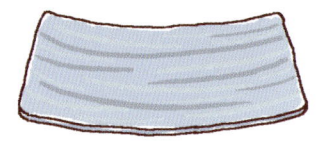

四角形
器の辺が正面になります。長手皿は長い辺を正面し、横長におきます。絵柄が入っているものは、絵柄の向きにも気をつけましょう。

半月
直線の部分が正面になるようにおきます。

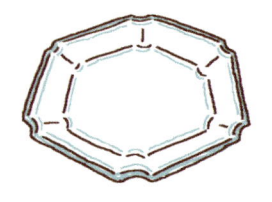

六角形
器の角が正面になるようにおきます。ただし、器の形によっては辺を正面にする場合も。

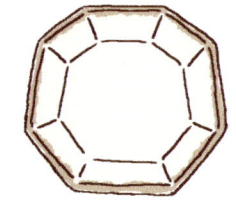

八角形
器の辺が正面になるようにおきます。

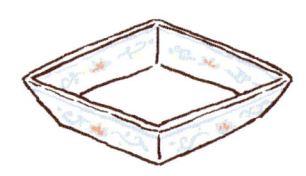

ひし形
器の角が正面になるように、横長におきます。

片口・片折
片側に注ぎ口がついている器やくぼみがある器は、注ぎ口やくぼみが左側になるようにおきます。

花弁
花の形をした器は、花びらと花びらの間が正面になるようにおきます。

木の葉
葉っぱの形をした器は、葉先が左側にくるように、横長におきます。

Part 4

野菜の料理

季節を感じさせる食材といえば、やっぱり野菜の料理です。

旬の野菜をよりおいしくいただくために

下ごしらえや調理法をしっかりマスターしましょう。

野菜の料理は食卓を華やかにしてくれます。

精進揚げ

季節の野菜に、サクッとしたころもをまとわせるのにはコツがあります。

材料 (2人分)

たらの芽	4本
ふきのとう	2個
さつまいも	½本
そら豆	10粒
ごぼう	½本 (100g)
にんじん	⅓本 (50g)
薄力粉	適量
[ころも]	
卵	1個
薄力粉	½カップ
揚げ油	適量
[天つゆ]	
だし汁	½カップ
しょうゆ	大さじ1と½
酒	大さじ1
みりん	小さじ1
塩	少々
大根	¼本

→ 季節の野菜を選ぶと、香り豊かな天ぷらが楽しめる。

→ かき揚げにする。

→ 材料にふりかけたり、ころものかたさを調節したりするのに使う。

→ 冷水と合わせて150mlにする。

→ 大根おろしにする。

Part 4 野菜の料理

●●●● 天ぷらをカラッと揚げるコツ

天ぷらをカラッと揚げるには、ころもにねばりを出さないようにすることと、油の温度に気をつけることです。
ころもに使う薄力粉のグルテンがねばりを出さないように、卵液は冷水で作り、粉と卵液を混ぜすぎないようにします。
また、ころもが薄くつくように、あらかじめ素材に粉をまぶしておくのもポイント。さらに、一度にたくさんを揚げようとせず、ひとつひとつ揚げると、油の温度が高温でキープされ、油ぎれのよいさっくりとした天ぷらになります。

難易度 ★★☆　調理時間 **25**分

エネルギー量 **620**kcal

おもに使う調理道具

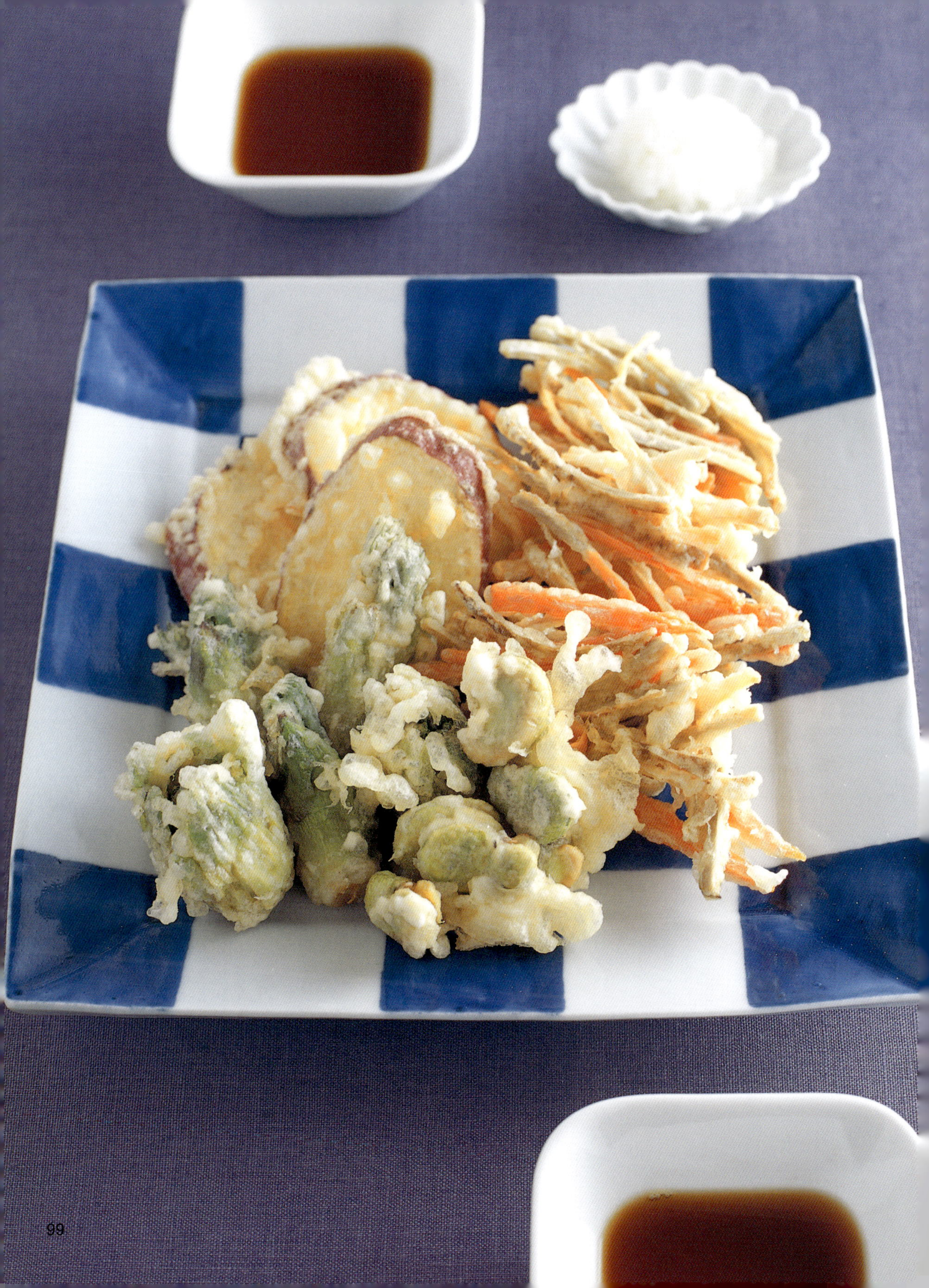

下ごしらえ

1 たらの芽は茶色い根元を、皮をむくようにくるりとこそげ取る。

2 ふきのとうは根元を少しだけ切り落とす。

3 さつまいもは皮つきのまま薄い輪切りにする。

4 ごぼうは包丁の背でこすり、皮をこそげ取り、長さ4cmの細切りにし、水に2分ほどつけ、水気をきる。

5 にんじんは皮をむき、長さ4cmの細切りにする。

6 そら豆はさやから出す。

7 皮の茶色いところに切り目を入れ、薄皮をむく。

8 計量カップに卵を入れ、冷水を注いで150mlにし、溶きほぐす。

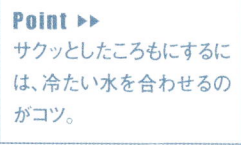

> **Point ▸▸** サクッとしたころもにするには、冷たい水を合わせるのがコツ。

9 ボウルに薄力粉を入れ、8を加え、菜箸などで練らないようにざっくり混ぜる。

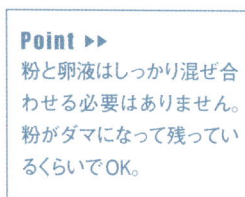

> **Point ▸▸** 粉と卵液はしっかり混ぜ合わせる必要はありません。粉がダマになって残っているくらいでOK。

10 1、2、3の野菜に、茶こしで薄力粉をふりかける。

> **Point ▸▸** ころもがしっかりつくように、あらかじめ薄力粉を薄くふりかけておきましょう。

Part 4 野菜の料理

🔥弱火　🔥🔥中火　🔥🔥🔥強火

調理

11 フライパンに揚げ油を入れて中温（170℃）に熱し、**10**のさつまいもを**9**のころもにくぐらせて油に入れ、揚げる。

Point ▶▶ 油に入れたら、しばらくさわらずに。

12 途中で天かすが浮いてきたら、こまめに取り除き、表面がカラリと揚がったら、網などに取り出す。

13 続いて**10**のたらの芽を**9**のころもにくぐらせて油に入れ、カラリと揚げる。

Point ▶▶ 一度にたくさん入れると油の温度が下がってしまうので、少しずつ揚げます。

14 続いて**10**のふきのとうを**9**のころもにくぐらせて油に入れ、カラリと揚げる。

15 **7**のそら豆を**9**のころもにくぐらせ、3〜4粒ずつスプーンなどを使って油に入れ、カラリと揚げる。

16 ボウルに**4**のごぼう、**5**のにんじんを入れ、薄力粉大さじ½を加えて全体に薄くまぶし、残ったころもを加えてざっと混ぜる。

17 引き続き中温の揚げ油に**16**をスプーンなどを使って入れ、底面がカリッとしてきたら裏返し、全体をカラリと揚げる。器にすべてを盛り合わせる。

18 鍋に天つゆの材料を入れて火にかけ、煮立ったら火を止める。

→ 止める

だし汁½カップ、しょうゆ大さじ1と⅓、酒大さじ1、みりん小さじ1、塩少々

19 大根をすりおろし、ざるに上げて水気をきる。**18**とともに**17**に添える。

Point ▶▶ 大根は自然に水をきるように。水気のきりすぎに注意しましょう。

ココがポイント 天ぷらのころもをサクッと仕上げるには、薄力粉のねばりが出ないように冷たい卵液を加え、さらにねばりが出ないように混ぜすぎないようにするのがコツです。薄力粉と卵液は完全に混ぜ合わせず、粉っぽさが残っているくらいでOKです。

たけのこの土佐煮

たけのこはアクのぬき方がポイント！ 季節の味を、ぜひ楽しみましょう。

Part 4 野菜の料理

材料 （2人分）

たけのこ	1本 → 皮がついている新鮮なもの。
米ぬか	大さじ2 → アクをとるために用意する。
赤唐辛子	1本
A　だし汁	1カップ
しょうゆ	大さじ1
酒	大さじ1
みりん	大さじ2/3
削り節	5g

A → ゆでたけのこ正味200gに対しての煮汁の分量。

●●● 丸ごとのたけのこをいただいたら…

たけのこは、収穫してから日がたつほど、かたくなっていきます。丸ごとのたけのこをいただいたら、そのままにしないで、すぐにアク抜きをしてから保存するようにしましょう。

たけのこは、皮にたけのこをやわらかくする成分が含まれているので、必ず皮ごとゆでてください。たけのこはアクがとても強いので、単にゆでるのではなく、アクの成分を吸着してくれるぬかを入れてゆでます。ぬかの分量は、水7に対して3くらいがめやすです。

●●● 水煮のたけのこを使うときは

通年出回っている水煮のたけのこ。生のたけのこに比べると香りが少ない分、どんな調理にも使えて便利です。

水煮のたけのこを使うときは、水煮独特のにおいがあるので、さっと下ゆでしてから使うほうがよいでしょう。白いカスのようなものがついていることがありますが、たけのこの栄養成分の一種なので、心配ありません。

難易度 ★☆☆

調理時間 20分 （たけのこをゆでる時間は除く）

エネルギー量 55kcal

おもに使う調理道具

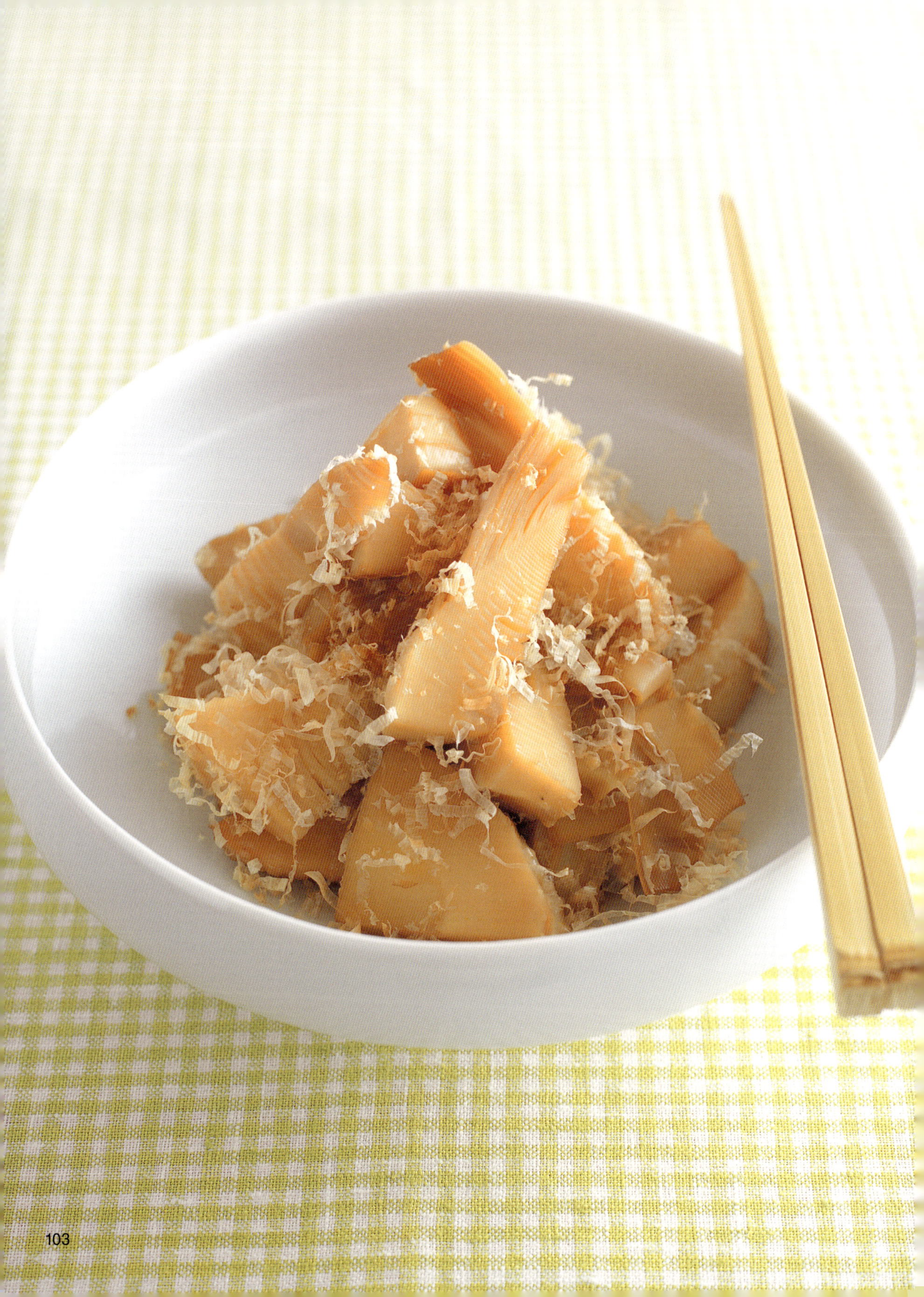

下ごしらえ

1 たけのこは穂先を斜めに切り落とし、縦に1本切り目を入れる。

Point ▸▸ 根元のほうが汚れていたら、根元も切り落としましょう。

2 たけのこを鍋に入れ、かぶるほどの水を注ぎ、ぬかと赤唐辛子を加える。

Point ▸▸ たけのこがちょうど入るくらいの鍋を用意しましょう。

3 2を火にかけ、落としぶたをして1時間ほど煮る。一番太い軸に竹串がスーッと通るようになったら火を止め、そのまま冷ます。

♨♨

Point ▸▸ アクが出てきて、あふれ出さない程度の火加減をキープします。

4 手でさわれるくらいまで冷めたら水洗いし、切り目に指を入れて皮をむく。

5 穂先の茶色い部分を切り落とす。

6 縦半分に切り、先端の部分を少し切り落とす。

Point ▸▸ 穂先の部分は渋いので切り落としましょう。

7 穂先の皮は、煮ている間にはがれやすいので、数枚むいて形をととのえる。

Point ▸▸ この部分をひめ皮といい、吸いものなどの具におすすめ。

8 かたいイボ状の部分をそぎ落とし、皮が残っていれば薄くむく。

Point ▸▸ イボ状になっているところは渋いので取り除きましょう。

9 横半分に切り、根元は厚さ7mmのいちょう切りにする。

10 穂先のほうは、縦に8〜12等分に切る。

Point ▸▸ 食べやすい大きさに切りましょう。

Part 4 野菜の料理

♨ 弱火　♨♨ 中火　♨♨♨ 強火

Arrange たけのこご飯

春を感じさせる炊き込みご飯。

材料（作りやすい分量）
- 米 ……………………… 3合
- ゆでたけのこ ………… 200g
- 油揚げ ………………… 1枚
- A
  - 薄口しょうゆ …… 大さじ1と⅓
  - 酒 ………………… 小さじ1
  - 塩 ………………… 少々
- 木の芽（あれば）……… 適量

1721kcal（全量）

作り方

1 米は洗ってざるに上げる（28ページ参照）。

2 炊飯器に1とAの調味料を入れ、調味料の分を引いて普通に水加減する。

3 ゆでたけのこ（104ページ参照）は、穂先は縦に薄切りにし、根元の部分は食べやすい大きさの薄切りにする。

4 油揚げは熱湯を回しかけて油抜きし、横半分に切ってから細切りにする。

5 2に3、4をのせ、普通に炊く。

6 炊き上がったら、さっくりと混ぜ合わせ、器に盛る。あれば木の芽を添える。

調理

11 鍋にAの調味料を合わせて火にかける。

だし汁1カップ、しょうゆ・酒各大さじ1、みりん大さじ⅔

12 煮立ったら、たけのこを加え、汁気がほとんどなくなるまで煮る。

13 汁気がほとんどなくなったら火からおろし、そのまま冷ます。

→ 火からおろす

Point ▶▶ 冷ますと、たけのこに味がしみ込みます。

14 ほぐした削り節を加え、ひと混ぜする。

ココがポイント
たけのこのアクをしっかりとるために、穂先に切り目を入れ、ぬかと赤唐辛子を加えたたっぷりの湯でゆでます。
煮物のときは、煮汁がほとんどなくなるまで煮たら、そのまま冷ますのがポイントです。

かぼちゃの煮物＆かぶの含め煮

野菜の持ち味を生かすため、薄味で煮るのが上品に仕上げるコツ。

Part 4 野菜の料理

かぼちゃの煮物

材料 (2人分)

かぼちゃ	300g
A 砂糖	大さじ1と½
薄口しょうゆ	小さじ1
みりん	大さじ1

→ 種とワタがついた状態で300gを用意。

→ 仕上がりの色が濃くなってもよければ、濃口しょうゆでもOK。

かぶの含め煮

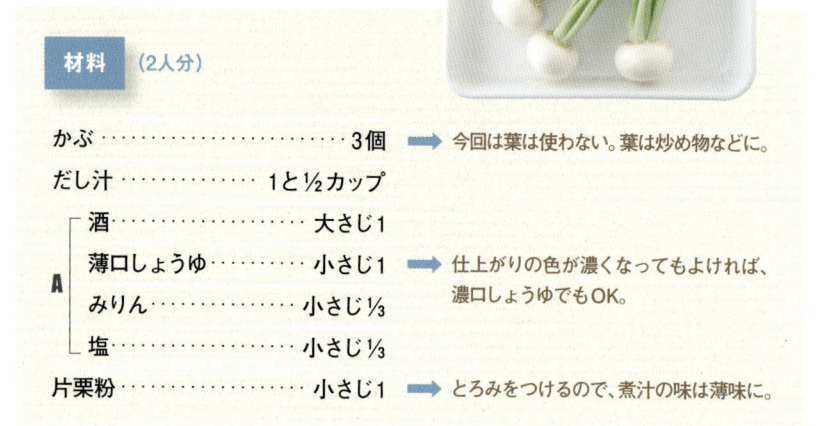

材料 (2人分)

かぶ	3個
だし汁	1と½カップ
A 酒	大さじ1
薄口しょうゆ	小さじ1
みりん	小さじ⅓
塩	小さじ⅓
片栗粉	小さじ1

→ 今回は葉は使わない。葉は炒め物などに。

→ 仕上がりの色が濃くなってもよければ、濃口しょうゆでもOK。

→ とろみをつけるので、煮汁の味は薄味に。

●●● 丸ごとのかぼちゃは…

丸ごとのかぼちゃを切るときは、ヘタの横に包丁の刃元を入れ、両手に体重をかけて少しずつ切りましょう。使わない分は、種とワタをとらずにラップに包んで冷蔵庫の野菜室へ。2週間は保存可能。

かぶ
難易度 ★☆☆
調理時間 20分
エネルギー量 34kcal

かぼちゃ
難易度 ★☆☆
調理時間 20分
エネルギー量 175kcal

おもに使う調理道具

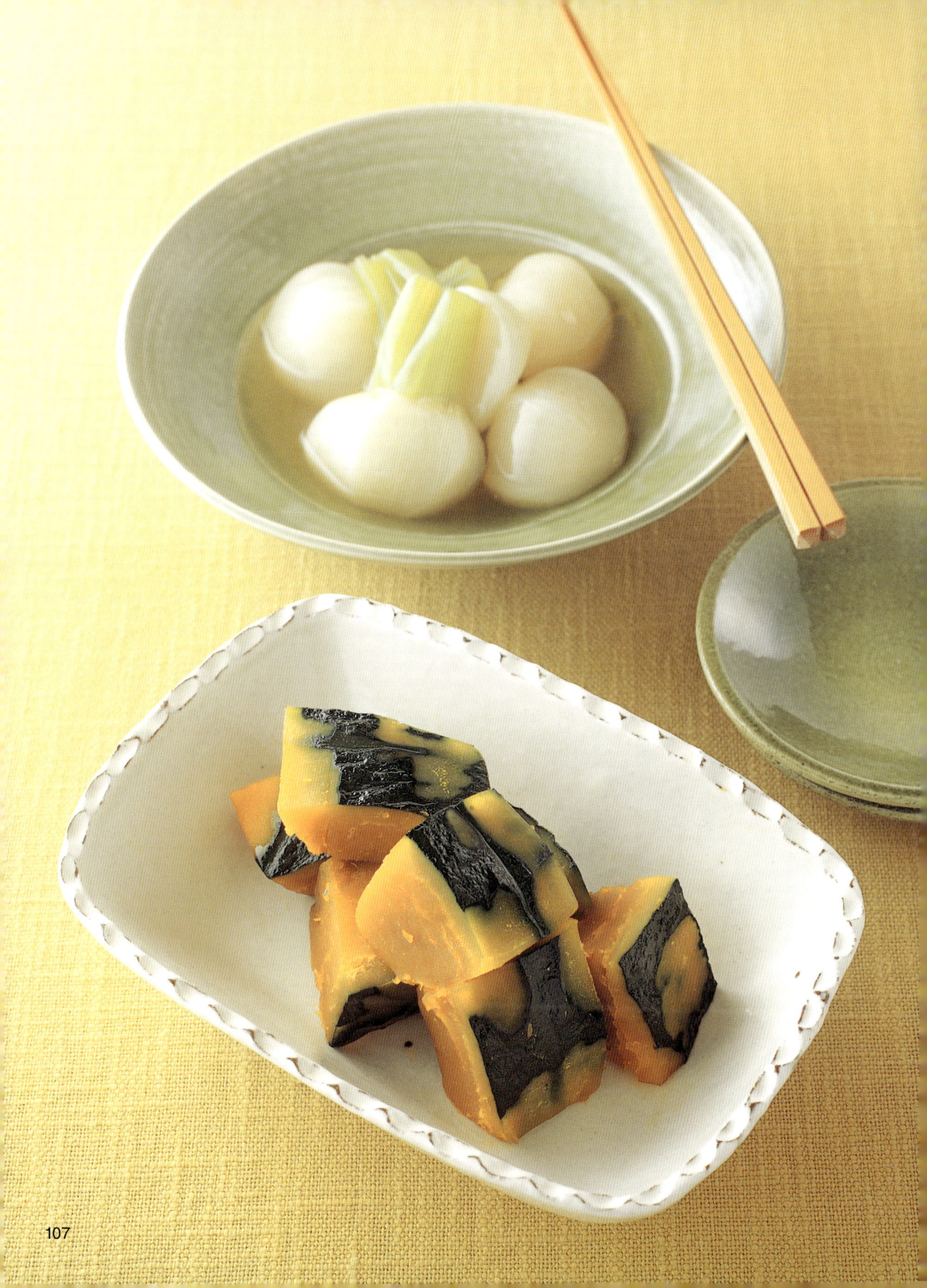

◎かぼちゃの煮物◎

下ごしらえ

1 かぼちゃは種とワタを、スプーンを使ってこそげ取る。

2 皮のほうから包丁を入れ、厚さ3cmくらいに縦に切る。

Point ▶▶
包丁を斜めに入れ、先端を支点にして切ると少ない力で切れます。かたくて切りにくい場合は、さっと水にくぐらせてからラップをふんわりとかけ、電子レンジで30秒ほど加熱してから切ると、切りやすくなります。

3 食べやすい大きさに切り分ける。

4 皮をところどころをそぎ落とす。

Point ▶▶
煮汁のしみ込みをよくするために、皮をそぎ落とします。味をすっきりと仕上げたいときは、皮をすべてむいてもOKです。

調理

5 鍋にかぼちゃを重ならないように並べ、ひたひたになるまで水を注ぎ、火にかける。
🔥🔥🔥

Point ▶▶
皮のほうを下にして並べます。ぴったりと入るくらいの大きさの鍋を用意しましょう。

6 Aの調味料を順に加える。
🔥🔥🔥

砂糖大さじ1と1/2、薄口しょうゆ小さじ1、みりん大さじ1

7 煮立ったら、グラグラしない程度の火加減に調節する。
🔥🔥

8 紙の落としぶたをし、かぼちゃがやわらかくなるまで煮る。
🔥

Point ▶▶
煮汁が少なくなってきたら、鍋を傾けて煮汁を回しながら煮ます。

ココがポイント
鍋の中でかぼちゃがグラグラ揺れると、煮くずれの原因になります。かぼちゃがちょうど入るくらいの大きさの鍋を用意し、火加減もグラグラしないように気をつけながら煮ましょう。

Part 4 野菜の料理

🔥弱火　🔥🔥中火　🔥🔥🔥強火

◎かぶの含め煮◎

下ごしらえ

1 かぶは葉を3cmほど残して切り落とす。

Point ▶▶
葉は新聞紙などに包んでからポリ袋に入れ、冷蔵庫の野菜室で1～2日保存可能。炒め物などに利用できます。

2 ボウルに水をはり、1をつける。

Point ▶▶
水にしばらくつけておくと、茎の根元の泥が落としやすくなります。

3 茎の根元の泥汚れを、竹串などで落とす。

4 茎の根元の部分に、切り目を6本入れておく。

Point ▶▶
赤い線の部分に、切り目を入れておきます。

5 根のほうから縦に、4で入れた切り目に向かって皮をむく。

Point ▶▶
これがかぶの六方むきです。

6 5を縦半分に切る。

Point ▶▶
小さめのかぶなら切らなくてもOKです。

調理

7 鍋にだし汁を入れて火にかけ、煮立ったらかぶを入れ、強めの中火で2分煮る。

だし汁1と½カップ

8 Aの調味料を加え、さらに5分煮る。

酒大さじ1、薄口しょうゆ小さじ1、みりん・塩各小さじ⅓

9 かぶにスーッと竹串が通るようになったら、水大さじ1で溶きのばした片栗粉を加え、薄いとろみをつける。

片栗粉小さじ1

ココがポイント
かぶは火の通りが早いので、長時間煮込みすぎないように気をつけましょう。煮汁がよくからむように、最後に水溶き片栗粉を加えてとろみをつけます。

里いもとたこの煮物

里いもに、たこのうまみと色合いがしみ込みます。

Part 4 野菜の料理

材料 （2人分）

- 里いも ・・・・・・・・・・・・・・ 6個
- ゆでだこの足 ・・・・・・・・・ 300g
- しょうがの薄切り ・・・・・・・ 2枚
- ゆずの皮 ・・・・・・・・・・・・ 少々
- A
  - 水 ・・・・・・・・・・・・・ 1カップ
  - 酒 ・・・・・・・・・・・・・ ¼カップ
- B
  - 砂糖 ・・・・・・・・・・・・ 大さじ1
  - みりん ・・・・・・・・・・・ 大さじ1
  - しょうゆ ・・・・・・・・ 大さじ1と½

難易度 ★☆☆

調理時間 60分

エネルギー量 242 kcal

おもに使う調理道具

弱火　中火　強火

下ごしらえ

1 里いもはたわしなどでこすって泥を洗い落とし、ざるに上げておく。

Point ▶▶ ざるに上げて乾かしてから皮をむくと、ぬるぬるせずにむきやすくなります。

2 上と下を切り落とし、下から上に縦に皮をむく。

Point ▶▶ 上下の面が六角形になるように皮をむくと形がととのいます（六方むき）。

3 ボウルに**2**と塩少々（分量外）を入れて塩もみし、水で洗い流し、ざるに上げて水気をきる。

Point ▶▶ 里いものぬめりをとります。

4 鍋に里いもを入れ、かぶるくらいの水を注いで火にかける。煮立ったら、ぬめりが浮いてくるまで中火でゆでてざるに上げる。

Point ▶▶ ぬめりをしっかりとることで、すっきりとした味わいになります。

5 たこは足を1本ずつ切り離す。

6 食べやすい大きさに、そぎ切りにする。

Point ▶▶ 繊維を断ち切るように斜めに包丁を入れて切ると、煮上がりがやわらかくなります。

調理

7 鍋に**A**としょうがを入れて火にかけ、煮立ったらたこを加える。

水1カップ、酒¼カップ

8 再び煮立ったら弱火にし、ふたをずらしてかけ、たこが十分やわらかくなるまで40〜50分煮たら、里いもを加える。

9 **B**の調味料を加えて中火にし、里いもがやわらかくなるまでさらに6〜7分煮る。器に盛り、ゆずの皮を添える。

砂糖・みりん各大さじ1、しょうゆ大さじ1と½

ココがポイント たこをやわらかく煮るためには、繊維を断ち切るようにそぎ切りにしておくことと、弱火で40〜50分煮るのがポイントになります。

豚じゃが

肉じゃがを豚肉で作ると、豚肉ならではのおいしさが楽しめます。

Part 4 野菜の料理

材料 (2人分)

豚薄切り肉	150g
じゃがいも	3個
にんじん	¼本 (40g)
玉ねぎ	1個
いんげん	6本
しらたき	100g
A しょうゆ	大さじ3と½
みりん	大さじ3
砂糖	大さじ1
酒	大さじ1
油	大さじ1

難易度 ★☆☆

調理時間 **25分**

エネルギー量 **520kcal**

おもに使う調理道具

🔥弱火　🔥🔥中火　🔥🔥🔥強火

下ごしらえ

1 じゃがいもは皮をむき、一口大に切って水につけて2分ほどおき、水気をきる。

Point ▶▶ 水につけておくと、表面の余分なデンプン質を取り除くことができ、味がしみ込みやすくなります。

2 にんじんは厚さ7mmのいちょう切りに、玉ねぎは厚さ2cmのくし形切りにする。豚肉は食べやすい大きさに、いんげんは3等分に切る。

3 しらたきは水とともに鍋に入れて火にかけ、煮立ってから1分ゆでてざるにとり、食べやすい長さに切る。
🔥🔥🔥 ➡ 止める

調理

4 鍋に油を熱し、しらたきを入れて余分な水分を飛ばすように炒めたら、豚肉を加えて炒める。
🔥🔥

5 肉の色が変わったら、じゃがいもを加えてざっと炒め、ひたひたよりやや少なめに水を注ぎ、強火で煮る。
🔥🔥🔥

6 煮立ったら中火にし、アクをとる。
🔥🔥

Point ▶▶ 豚肉の脂やアクが浮いてくるので取り除きましょう。

7 玉ねぎ、にんじんを加えて3分煮て、Aの調味料を加える。
🔥🔥

しょうゆ大さじ3と½、みりん大さじ3、砂糖・酒各大さじ1

8 落としぶたをして、さらに5分ほど煮る。
🔥🔥

9 じゃがいもがやわらかくなったら、いんげんを加え、ひと煮する。
🔥🔥

Point ▶▶ 煮汁が少なくなってきたら、鍋を傾けて煮汁を回しながら煮ましょう。

ココがポイント すっきりとした味わいにするために、しらたきのアクは下ゆでして取り除いておきます。また、煮ていくときに、肉の余分な脂やアクもしっかり取り除きましょう。

酢の物2種
きゅうりの酢の物／アスパラガスの焼きびたし

酢の酸味がさわやかな野菜の小鉢。メイン料理を引き立てる名脇役です。

Part 4 野菜の料理

きゅうりの酢の物

材料（2人分）

きゅうり	1本
塩	小さじ⅓
わかめ（塩蔵）	20g
しらす干し	10g

→ 塩蔵のわかめのほうがやわらかい。

A
- だし汁 …… 大さじ1
- 酢 …… 大さじ2と½
- 砂糖 …… 大さじ½
- 塩 …… 小さじ⅓

→ 甘みや酸味は好みで調節して。

アスパラガスの焼きびたし

材料（2人分）

グリーンアスパラガス	1束
すだち	2個

→ しぼって果汁大さじ1と½に。すだちがなければ、レモンでもOK。

A
- しょうゆ …… 大さじ1
- みりん …… 大さじ1

難易度 ★☆☆　調理時間 15分

エネルギー量
25kcal（きゅうり）
36kcal（アスパラ）

おもに使う調理道具

●●● 乾燥わかめを使うときは…

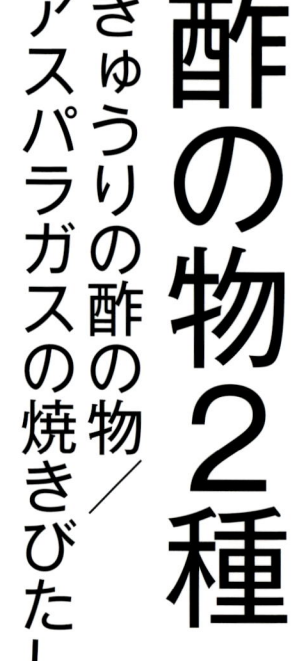

乾燥わかめを使うときは、さっと水で洗い、たっぷりの水に10分ほどつけて戻します（製品によってもどし時間は確認して）。水につけっぱなしにすると、ひじきなどと同様、やわらかくなりすぎて歯ごたえがなくなり、香りも損なわれるので、戻ったらすぐに水気をきって調理しましょう。
最近では、戻さずにそのまま加えられる乾燥わかめもあるので、用途に合わせて使い分けてもよいでしょう。

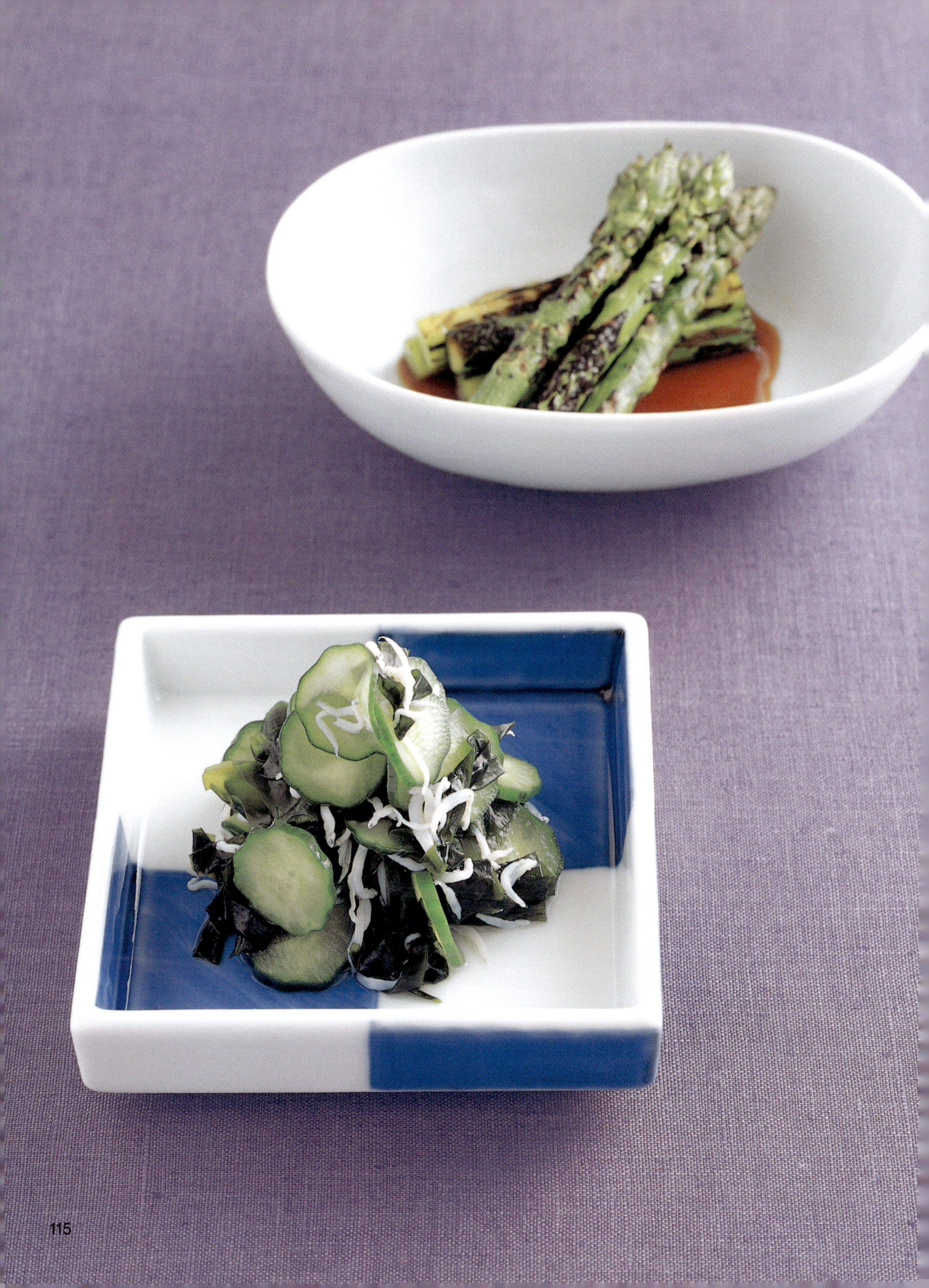

◎きゅうりの酢の物◎

下ごしらえ

1 わかめは塩を洗い落とし、5～6分水につけ、塩気をぬく。

2 きゅうりは厚さ2mmの小口切りにする。

3 ボウルにきゅうりを入れて塩をふってかるく混ぜ、しんなりするまでおく。

塩小さじ⅓

4 別のボウルに**A**の調味料を合わせる。

だし汁大さじ1、酢大さじ2と½、砂糖大さじ½、塩小さじ⅓

5 塩抜きをしたわかめをざく切りにする。

6 熱湯をさっと回しかける。

Point ▶▶ わかめの色を鮮やかにします。

7 氷水にとり、水気をしぼる。

Point ▶▶ 熱が入りすぎないように、色鮮やかになったら一気に冷ましましょう。

8 **3**のきゅうりは水でざっと洗い、水気をしぼって**4**に加える。

仕上げ

9 水気をしぼったわかめとしらす干しを加えてあえる。

ココがポイント
塩蔵のわかめは水につけて塩気をぬいてから使います。熱湯をさっと回しかけ、色鮮やかにしたら、すぐに冷水につけるのがポイントです。きゅうりとわかめはしっかり水気をきってから合わせ酢に加えましょう。

Part 4 野菜の料理

弱火　中火　強火

◎アスパラガスの焼きびたし◎

下ごしらえ

1
アスパラガスは根元がかたいので、手でポキッと折れるところで折る。

2
1の長さに合わせて、残りのアスパラガスの根元を切る。

Point ▶▶
すべて手で折ってもよいですが、1で折ったものに合わせて切ったほうが長さがそろいます。

3
下から⅓くらい、皮をピーラーでむく。

Point ▶▶
皮は筋っぽく口当たりが悪いので、取り除きます。

4
すだちは半分に切ってしぼり、茶こしでこしてAの調味料と合わせる。

しょうゆ・みりん各大さじ1、すだちの果汁大さじ1と½

調理

5
焼き網を熱し、アスパラガスをこんがりと焼く。

Point ▶▶
穂先は焦げやすいので、火に当たらないようにおいて。

6
焼きたてを半分に切る。

Point ▶▶
熱いうちに切るので、やけどに注意して。

7
4の合わせ調味料にひたす。

Point ▶▶
冷めていくうちに味がしみ込むので、熱いうちにひたしましょう。

ココがポイント
アスパラガスは根元や皮のかたい部分をしっかり取り除き、やわらかな食感を楽しみましょう。
熱いうちに調味料にひたさないと味がしみません。アスパラガスが切らずに入る大きめのバットがあれば、焼きたてを切らずにひたし、冷めてから切るほうがよいでしょう。

●●●● 自分の好みのポン酢を作る

ポン酢はしょうゆと柑橘類の果汁を合わせたものなので、家庭でも簡単に作ることができます。
しょうゆに、すだち、ゆず、かぼす、レモン汁など好みの果汁を加えます。分量は好みで調節し、甘みを加えたければ、一度さっと煮立てたみりんを加えてもよいでしょう。また、味が濃い場合は、だし汁などで薄めても。好みの味わいに調節できるのは、手作りならでは。冷蔵庫で1カ月は保存できるので、まとめて作っておいてもよいでしょう。

ごぼうの柳川風＆にら玉とじ

野菜のうまみがしみ出た煮汁を卵でとじると、まろやかな味わいに。

Part 4 野菜の料理

ごぼうの柳川風

材料 (2人分)

ごぼう	1本（200g）
うなぎの蒲焼き（市販品）	1串
卵	2個
三つ葉	⅓袋
A だし汁	1カップ
酒	大さじ1
しょうゆ	大さじ½
砂糖	大さじ½
みりん	大さじ½
油	少々

→ 泥つきのもののほうが日持ちする。

→ うなぎに味がついている場合は、好みで加減する。

にら玉とじ

材料 (2人分)

にら	1わ
油揚げ	1枚
卵	2個
A だし汁	1カップ
酒	大さじ1
薄口しょうゆ	大さじ1
みりん	大さじ1

→ 仕上がりの色が濃くなってもよければ、濃口しょうゆでもOK。

●●● うまみが濃い素材とごぼう

もともと柳川鍋は、ささがきのごぼうとどじょうを煮て、卵でとじたもの。ごぼうは、どじょうに限らず、うなぎや牛肉といったうまみの強い素材と組み合わせるのがおすすめ。ごぼうの香りが、アクやうまみの強い食材のにおいを消す効果があります。

にら	ごぼう
難易度 ★☆☆	難易度 ★☆☆
調理時間 15分	調理時間 15分
エネルギー量 162kcal	エネルギー量 329kcal

おもに使う調理道具

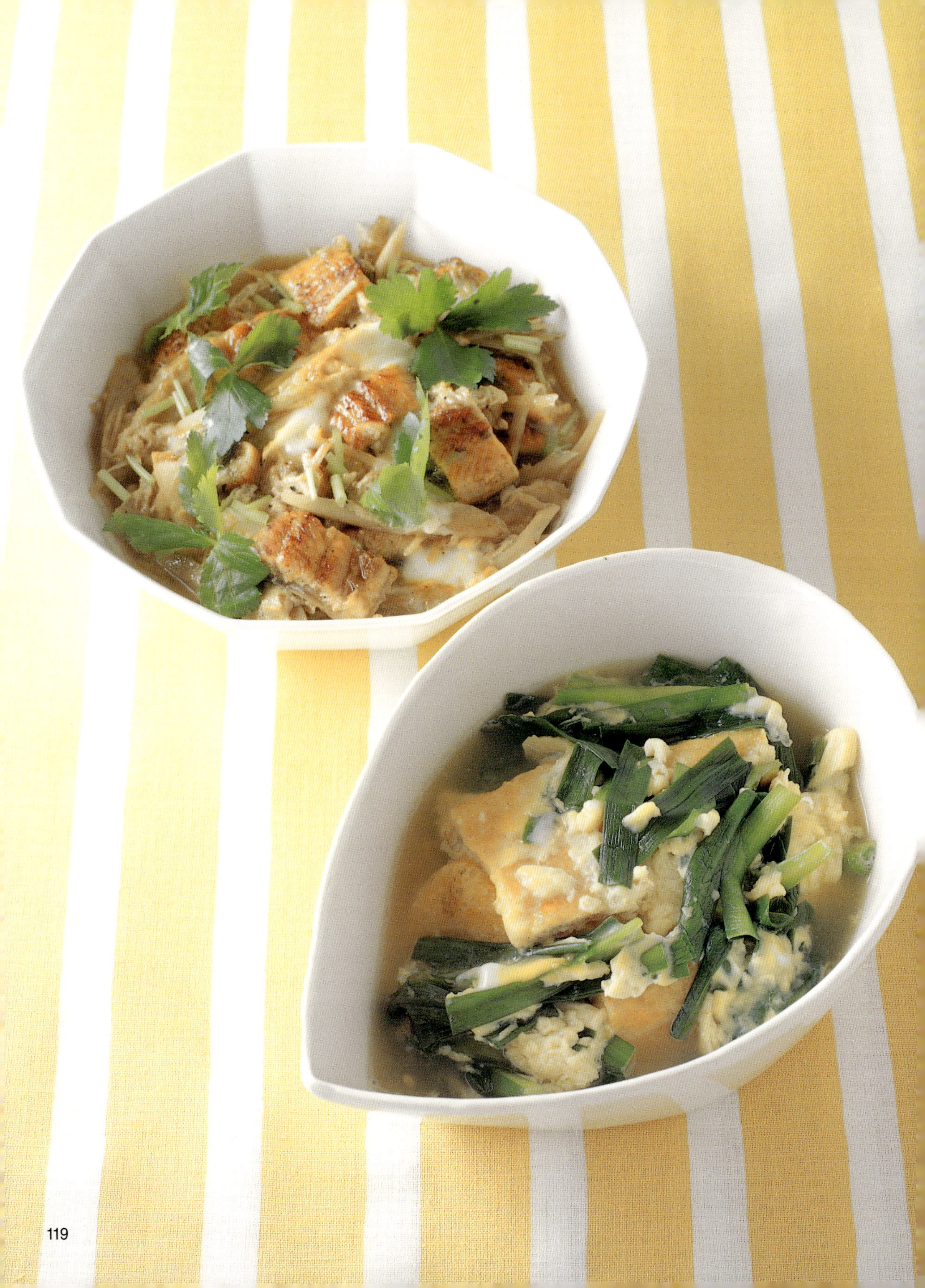

◎ごぼうの柳川風◎

下ごしらえ

1 ごぼうは包丁の背で皮をこそげ取り、縦に十字に切り込みを入れる。

2 ささがきにしながら水にはなす。切り終わったらざるに上げ、水気をきる。

Point ▶▶ ごぼうは黒ずみを防ぐために水につけます。長時間つけると香りがなくなるので、切り終わったらざるに上げるくらいでOK。

3 うなぎは1～2cm幅に切る。

4 卵は溶きほぐしておく。

Point ▶▶ 白身を切るようにして、黄身とよく混ぜ合わせます。

調理

5 フライパンに油を入れて熱し、ごぼうを加えて1分ほど炒める。
🔥🔥

6 全体に油がなじんだら、Aの調味料を加えて3～4分煮る。
🔥🔥

だし汁1カップ、酒大さじ1、しょうゆ・砂糖・みりん各大さじ½

7 ごぼうがしんなりとしたらうなぎを加え、1分ほど煮る。
🔥🔥

8 うなぎがしっかり温まったら、溶きほぐした卵を真ん中から外側へ回し入れる。
🔥🔥

Point ▶▶ フライパンは外側のほうが熱くなっているので、真ん中から外側へ回し入れると卵に均等に熱が伝わります。

9 卵が半熟状になったら火を止め、ざく切りにした三つ葉を散らし、ふたをして2分蒸らす。
🔥🔥 ➡ 止める

ココがポイント
ごぼうがしんなりするまで煮て、味をしっかり吸い込ませましょう。うなぎは煮すぎないほうがおいしいので、あとから加え、温まったくらいで卵を回し入れます。三つ葉は火を止めてから加え、余熱で火を通すくらいのほうが香りが損なわれません。

Part 4 野菜の料理

🔥弱火　🔥🔥中火　🔥🔥🔥強火

◎にら玉とじ◎

下ごしらえ

1 にらは長さ5cmのざく切りにする。

2 油揚げは熱湯を回しかけ、油抜きをする。

Point ▶▶
熱湯をかけて余分な油をとっておくと、すっきりとした味わいになります。

3 横半分に切ってから、食べやすい大きさに切る。

4 卵は溶きほぐしておく。

Point ▶▶
白身を切るようにして、黄身とよく混ぜ合わせます。

調理

5 フライパンに A の調味料を入れ、火にかける。

だし汁1カップ、酒・薄口しょうゆ・みりん各大さじ1

6 煮立ったら油揚げを加え、2分ほど煮る。

7 にらを加えてひと煮する。

8 溶きほぐした卵を真ん中から外側へ回し入れる。

Point ▶▶
フライパンは外側のほうが熱くなっているので、真ん中から外側へ回し入れると卵に均等に熱が伝わります。

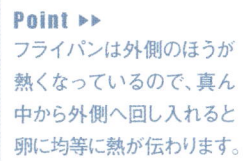

9 卵が半熟状になったら火を止め、ふたをして2分蒸らす。

→ 止める

ココがポイント
油揚げを入れることで、煮汁に適度な油が加わり、味わいにコクが出ます。にらは火が通りやすいので、油揚げに味がよくしみ込んだあとに加えましょう。卵は半熟状になったら火を止めて、ふたをして余熱で火を通すとやわらかく仕上がります。

あえもの3種

菜の花のおひたし／いんげんのごまあえ／三つ葉のわさびあえ

さっとゆでた季節の野菜を、調味料であえるだけの簡単小鉢。

Part 4 野菜の料理

菜の花のおひたし

材料 (2人分)

菜の花	1わ (200g)
塩	大さじ1
A だし汁	½カップ
薄口しょうゆ	大さじ1
練りがらし	小さじ½

→ 花が咲いていない、新鮮なものを選ぶ。

いんげんのごまあえ

材料 (2人分)

いんげん	150g
黒ごま	大さじ2
A しょうゆ	大さじ1
砂糖	大さじ1
だし汁	大さじ1

→ 甘さは好みで調節する。

三つ葉のわさびあえ

材料 (2人分)

三つ葉	1袋 (150g)
A だし汁	¼カップ
薄口しょうゆ	大さじ1
練りわさび	小さじ1

→ 生のわさびをすって使う場合は、香りが飛ばないように、あえる直前にする。

難易度 ★☆☆　**調理時間** 15分

エネルギー量
43kcal (菜の花)
95kcal (いんげん)
20kcal (三つ葉)

おもに使う調理道具

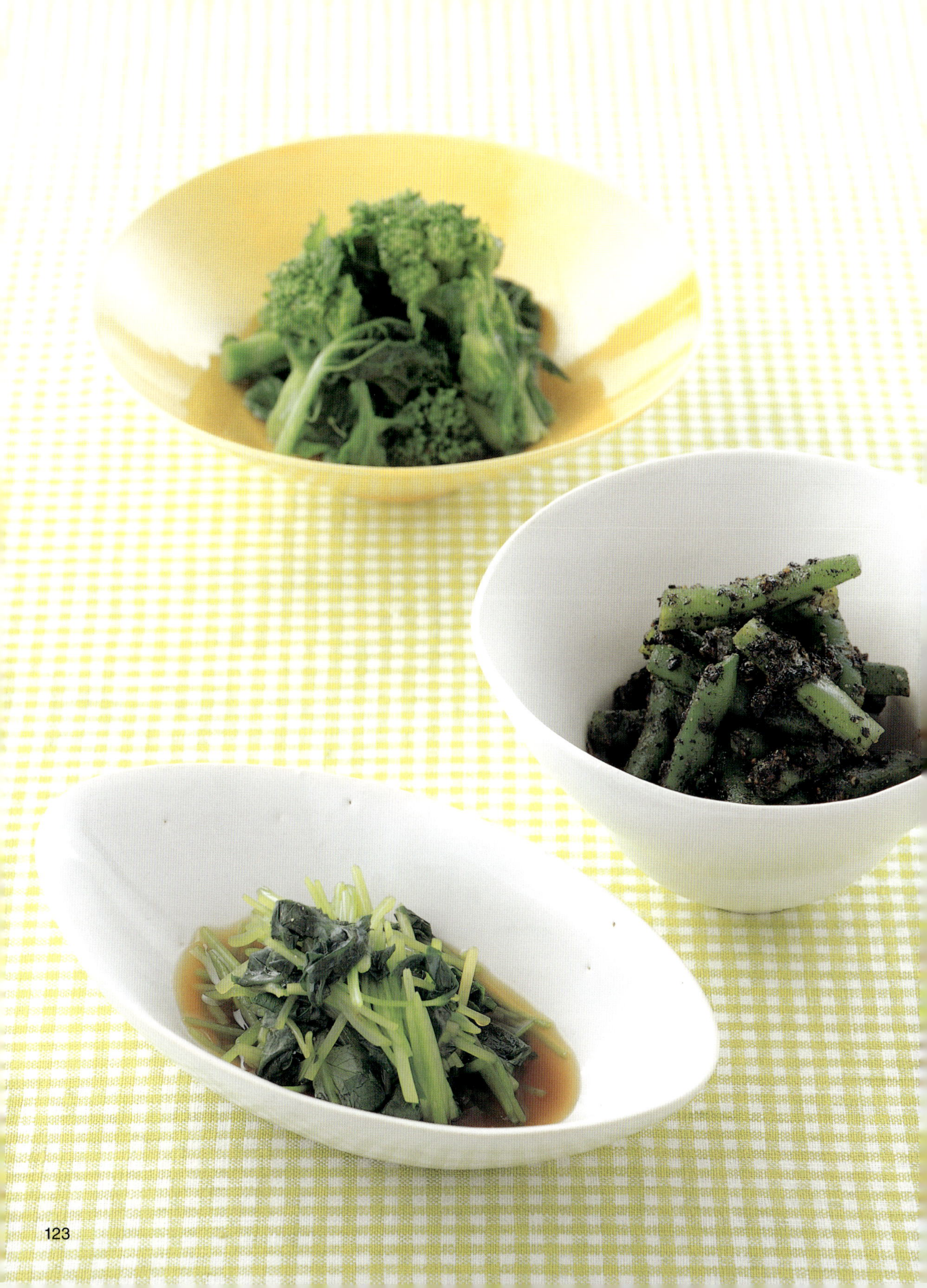

◎菜の花のおひたし◎

下ごしらえ

1 菜の花は根元を水に30分ほどつけてシャキッとさせる。

> **Point ▶▶**
> ゆでる前にシャキッとさせておくと美しい色にゆで上がります。

2 根元を少し切り落とし、茎と葉に切り分け、別々に分けておく。

> **Point ▶▶**
> 葉がバラバラにならないところで切り分けましょう。

3 ボウルにAの調味料を合わせておく。

だし汁½カップ、薄口しょうゆ大さじ1、練りがらし小さじ½

4 鍋に湯を沸かし、塩と菜の花の茎を入れてさっとゆでる。

塩大さじ1

> **Point ▶▶**
> 菜の花は火が通りやすいので、茎と葉は別々にゆでる。

5 余熱でも火が通るので、8割くらい火が通ったらざるにとる。

6 続いて熱湯に葉を入れ、さっとゆでる。

7 すぐにざるに取り出す。

> **Point ▶▶**
> 葉の部分はすぐに火が通るので、熱湯にくぐらせるくらいがめやす。

8 うちわであおいで冷ます。

> **Point ▶▶**
> しぼると花がつぶれるので、あおいで冷まします。

仕上げ

9 3の調味液に8を加えてあえる。

> **ココがポイント**
> 菜の花は火が通りやすいので、さっとゆでてざるに上げ、うちわであおいで冷まします。ほかの野菜では、早く冷ましたいときに水につけることもありますが、菜の花は水っぽくなるので水にはつけません。

Part 4 野菜の料理

🔥弱火 🔥🔥中火 🔥🔥🔥強火

◎三つ葉のわさびあえ◎

下ごしらえ

1 三つ葉は根元を切り落とし、熱湯にさっとくぐらせる。

> **Point ▶▶**
> 茎の部分から熱湯につけ、30秒ほどしたら全体を入れてさっとゆでましょう。

2 すぐにざるに取り出し、うちわであおいで冷ます。

3 しっかりと水気をしぼり、長さ3cmに切る。

仕上げ

4 ボウルにAの調味料を合わせ、3を加えてあえる。

だし汁¼カップ、薄口しょうゆ大さじ1、練りわさび小さじ1

> **ココがポイント**
> 三つ葉は、ゆでたあと水につけると香りが損なわれるので、ざるにとってあおいで冷まします。いんげんのように水っぽくならない野菜は、氷水につけて冷まします。どちらも調味液とあえる前に、しっかり水気をとりましょう。

◎いんげんのごまあえ◎

下ごしらえ

1 いんげんは、なり口と先端を切り落とす。

> **Point ▶▶**
> 筋がある場合は、なり口と先端の両方から折って筋をとります。

2 ごまは小さなフライパンでかるく炒ってすり鉢に入れ、粒がなくなるまですり、Aの調味料と混ぜる。

しょうゆ・砂糖・だし汁各大さじ1

3 鍋に湯を沸かし、いんげんをゆでる。氷水にとって一気に冷まし、ざるに上げて水気をきる。

> **Point ▶▶**
> 色よく仕上げるために、さっとゆでて氷水にとります。

4 3等分に切る。

仕上げ

5 4を2に加え、あえる。

なすの揚げびたし&鍋しぎ

火を通すとやわらかい食感がたまらない、なすの料理2品です。

Part 4 野菜の料理

なすの揚げびたし

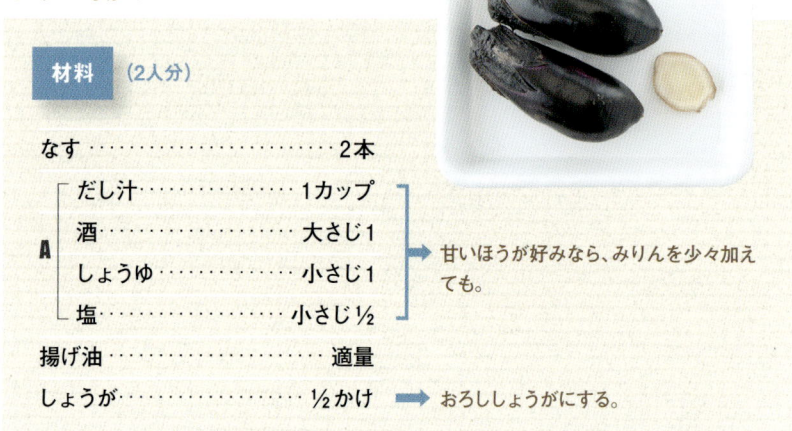

材料（2人分）

- なす ………………… 2本
- A
  - だし汁 ……………… 1カップ
  - 酒 …………………… 大さじ1
  - しょうゆ …………… 小さじ1
  - 塩 …………………… 小さじ½
  → 甘いほうが好みなら、みりんを少々加えても。
- 揚げ油 ………………… 適量
- しょうが ……………… ½かけ → おろししょうがにする。

鍋しぎ

材料（2人分）

- なす ………………… 3本
- ピーマン ……………… 2個
- A
  - みそ ………………… 大さじ2と½
  - 砂糖 ………………… 大さじ1と⅓
  - みりん ……………… 大さじ½
  - 酒 …………………… 大さじ1
  - だし汁 ……………… 大さじ1
  → みその種類はなんでもOK。みそによって、甘さが異なるので、砂糖やみりんの量は調節する。
- 油 …………………… 大さじ3

難易度 ★☆☆　**調理時間** 20分

エネルギー量
125kcal（揚げびたし）
271kcal（鍋しぎ）

おもに使う調理道具

● ● ● **鍋しぎのしぎって何？**

なすの中をくり抜き、鴨の肉をつめて焼いた料理が、いつの間にかなすを焼いたものを鴨（しぎ）焼きと呼ぶようになったといわれています。しぎ焼きは、なすにみそをつけてさっと焼いたもので、それを鍋で作るので、鍋しぎといわれています。

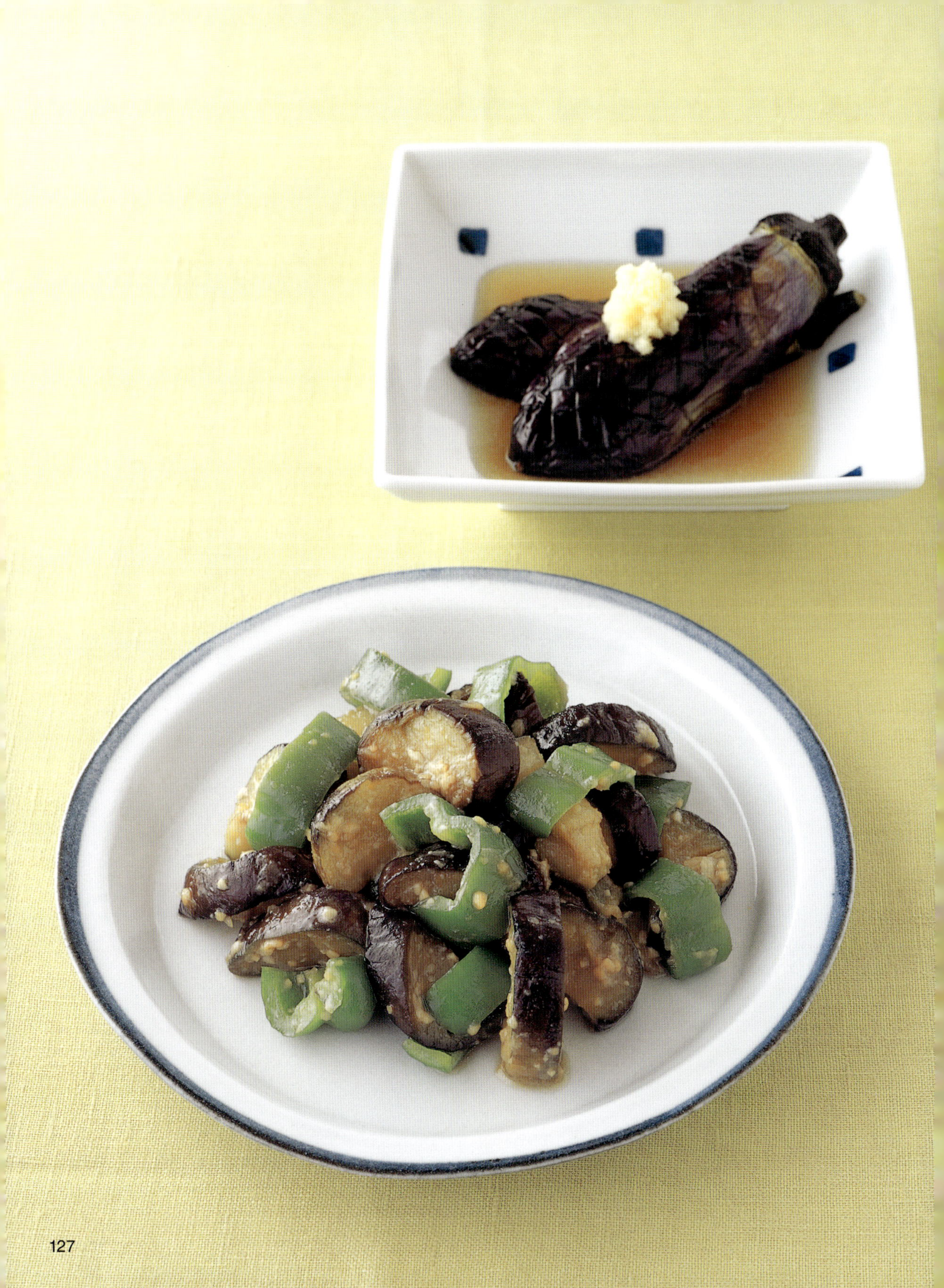

◎なすの揚げびたし◎

下ごしらえ

1 なすはヘタの周りにくるっと切り目を入れ、ガクを切り落とす。

Point ▶▶ 帽子をかぶっているようにヘタを残します。あくまでも飾りなので、切り落としてもOKです。

2 縦半分に切り、皮に5mm間隔で斜め格子の切り目を入れる。

Point ▶▶ 切り目の深さは3mmくらいがめやす。

調理

3 鍋にAのだし汁を入れて煮立て、残りの調味料を加えてひと煮したら火を止める。

🔥🔥 → 止める

だし汁1カップ、酒大さじ1、しょうゆ小さじ1、塩小さじ½

4 フライパンに揚げ油を入れて中温(170℃)に熱し、皮を油にさっとくぐらせてから、皮目を上にして揚げる。

🔥🔥

5 途中裏返し、しんなりするまで揚げる。

🔥🔥

6 5を網に取り出して油をきり、熱湯を回しかける。

Point ▶▶ 熱湯をかけて、なすの表面の油を取り除いておくと油っぽくなりません。

7 3に6をひたし、5分以上おく。器に盛り、おろししょうがをのせる。

ココがポイント
なすに格子状の切り目を入れるのは、火の通りをよくするだけでなく、皮の口当たりもよくする効果があります。
なすは油を吸いやすいので、揚げたあとに熱湯を回しかけて表面の油を取り除いておくと、余分な油が落ち、すっきりとした味わいになります。

Part 4 野菜の料理

🔥弱火　🔥🔥中火　🔥🔥🔥強火

◎鍋しぎ◎

下ごしらえ

1 なすはヘタとガクを取り除き、縦半分に切り、半月切りにする。

2 水に5分ほどつけてアクをぬき、ざるに上げて水気をきる。

Point ▶▶
なすが浮いてこないように、皿などで重しをしましょう。

3 ピーマンは縦半分に切ってヘタと種を取り除き、半月切りにする。

4 Aの調味料は混ぜ合わせておく。

みそ大さじ2と⅓、砂糖大さじ1と⅓、みりん大さじ½、酒・だし汁各大さじ1

調理

5 フライパンに油を熱し、なすを入れてじっくり炒める。

Point ▶▶
なすによく火が通ると、いったん吸った油が外に出てくるので、そこまで炒めます。

6 なすがしんなりしてきたら、ピーマンを加えてざっと炒める。

7 いったんざるにとって油をきる。

Point ▶▶
仕上がりが油っぽくならないように、いったん油をきりましょう。

8 フライパンをさっとふき、4の調味料を加えて煮立て、7を戻し入れる。

9 全体にとろりとからむようになるまで炒め合わせる。

ココがポイント
なすは中途半端に炒めると、油っぽくなります。しっかり炒めると油が外に出てくるので、いったんざるに上げて油をきり、そのあと調味料と合わせるとすっきり仕上がります。

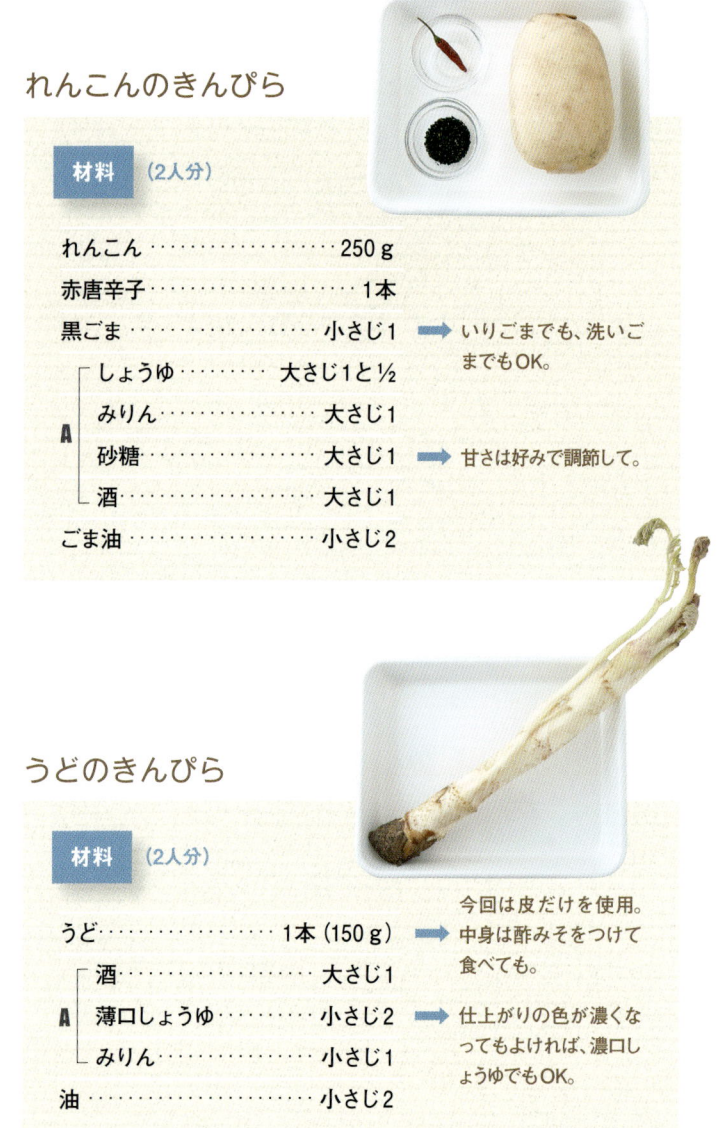

きんぴら2種
れんこんのきんぴら／うどのきんぴら

野菜を甘辛く炒め煮にするだけ。ご飯がすすむ常備菜です。

Part 4 野菜の料理

れんこんのきんぴら

材料（2人分）

れんこん	250g
赤唐辛子	1本
黒ごま	小さじ1
A しょうゆ	大さじ1と½
みりん	大さじ1
砂糖	大さじ1
酒	大さじ1
ごま油	小さじ2

→ いりごまでも、洗いごまでもOK。
→ 甘さは好みで調節して。

うどのきんぴら

材料（2人分）

うど	1本（150g）
A 酒	大さじ1
薄口しょうゆ	小さじ2
みりん	小さじ1
油	小さじ2

→ 今回は皮だけを使用。中身は酢みそをつけて食べても。
→ 仕上がりの色が濃くなってもよければ、濃口しょうゆでもOK。

難易度 ★☆☆　調理時間 15分
エネルギー量 **168kcal**（れんこん）
58kcal（うど）
おもに使う調理道具

●●● うどの酢みそあえ

うどは香りを楽しむ山菜。皮はとくに香りが強いので、きんぴらなどにして楽しみます。皮をむいたあとのうどは、酢水につけてから短冊切りにし、酢みそなどをつけてそのまま食べたり、天ぷらなどにしてもおいしいです。酢みその作り方は、66ページを参照してください。

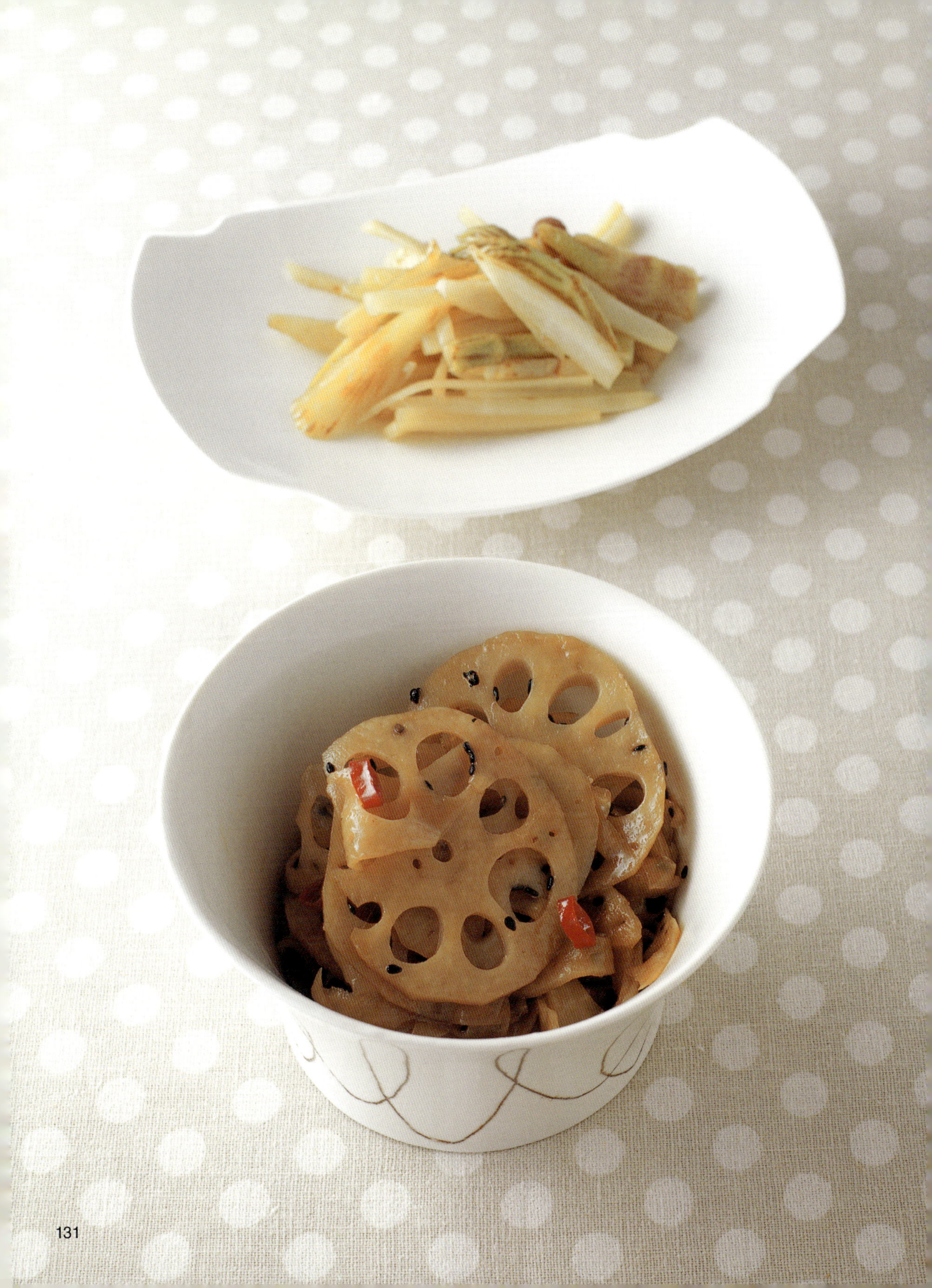

◎れんこんのきんぴら◎

下ごしらえ

1 赤唐辛子は水につけてもどす。

> **Point ▶▶**
> 水につけるとやわらかくなり、切りやすくなるほか、炒めるときに焦げにくくなります。

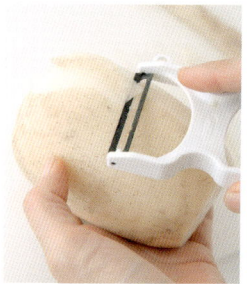

2 れんこんはピーラーで皮をむく。

3 薄い輪切りにする。

4 水に5分ほどつけてアクをぬき、水気をきる。

5 ふやかした赤唐辛子は種を除き、小口切りにする。

> **Point ▶▶**
> 種の部分は辛いので取り除きます。

調理

6 フライパンにごま油を熱し、赤唐辛子を入れて炒める。
🔥🔥

7 香りが立ってきたら、れんこんを加えて炒める。
🔥🔥

8 れんこんに油がまわり透き通ってきたら、Aの調味料を加える。
🔥🔥

しょうゆ大さじ1と⅓、みりん・砂糖・酒各大さじ1

9 大きく炒め合わせ、最後にごまを加えてひと混ぜする。
🔥🔥

ココがポイント
れんこんは薄切りにしたあと、5分ほど水につけてアクを取り除いておきましょう。調味料を加えたら、からめるように炒り煮にすればできあがりです。

Part 4 野菜の料理

🔥弱火　🔥🔥中火　🔥🔥🔥強火

◎うどのきんぴら◎

下ごしらえ

1 うどはていねいに洗い、土のついている根元の部分は取り除く。

> **Point ▶▶**
> うどは皮を使いたいので、きれいに汚れを落としましょう。

2 余分な枝の部分は切り落とす。

3 包丁の背でうぶ毛を削り取る。

4 皮のむきやすい長さに切り、厚さ3mmくらいに皮をむく。

5 皮も中身も酢水につけて変色するのを防ぐ。

> **Point ▶▶**
> 酢水は水2カップに対して酢大さじ1（分量外）くらいがめやす。

6 うどの皮は水気をきり、繊維にそって縦に細切りする。小枝は皮の長さに合わせて切り、太いものは2～4等分に切る。

> **Point ▶▶**
> 中身は、酢みそををつけて食べても。

調理

7 フライパンに油を熱し、**6**を入れてさっと炒める。
🔥🔥

8 **A**の調味料を順に回し入れる。
🔥🔥

酒大さじ1、薄口しょうゆ小さじ2、みりん小さじ1

9 汁気がなくなるまで炒り煮にする。
🔥🔥

> **ココがポイント**
> うどの皮は香りがよくシャキシャキとした食感を楽しみます。根元のかたい部分の皮は取り除き、上のほうのやわらかいところを使うとよいでしょう。

器の正面の見分け方 ②

膳や盆、椀などの正面も覚えておきましょう。

木製の盆や折敷（おしき）など
木製のお盆や折敷は、木目が横になるようにおきます。

曲げ物
曲げ物やせいろなどは、形によってとじ目の位置がかわります。丸い形のものはとじ目を前に、四角い形のものはとじ目を向こうになるようにおきます。「丸前角向（まるまえかくむこう）」と覚えておきましょう。また、八角形などの多角形の形のものは、丸と同様とじ目を前にします。

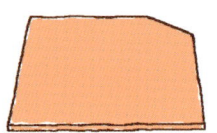

椀
文様が正面になるようにおくのが基本ですが、文様が3カ所以上に入っている場合は、文様と文様の間が正面になります。

隅折・隅切
隅の1カ所が折れていたり、切れていたりする器は、折れている（切れている）隅を右向こうにしておきます。

食べるときに持ってよい器と持ってはいけない器

和食のマナーでは、飯椀や汁椀など、器を持って食べるのが基本とされますが、食べるときに持ってよいかどうか迷う器もあるでしょう。そこで、持って食べてよい器と持たない器を紹介しておきます。

●**持ってよい器**
煮物やあえものなどの小鉢や小皿、刺し身用のしょうゆ皿、天つゆなどの器、ご飯の入ったお重、どんぶりなど。

●**持たない器**
焼き魚や煮魚の皿、刺し身や天ぷらなどの皿、大人数用の鉢や大皿など。大人数用の鉢や大皿の場合は、皿から直接口に運ばず、取り皿にとって。

Part 5

卵・豆腐・乾物の料理

卵・豆腐・乾物の、それぞれの素材の持ち味を生かした

和食料理を紹介します。

定番メニューだからこそ、上手に作りたいと思うものを

集めましたので、ぜひ挑戦してみてください。

茶わん蒸し

卵の固まる性質を生かした、和食の定番。やわらかさはだし汁の分量で決まります。

Part 5 卵・豆腐・乾物の料理

材料 (2人分)

卵	1個
鶏胸肉	50g
A 薄口しょうゆ	小さじ½
酒	小さじ½
しいたけ	2枚
ぎんなん	4個 → 水煮のぎんなんでもOK。
かまぼこ	2切れ
三つ葉	2本
B だし汁	1カップ → だし汁が多すぎると固まらず、少なすぎるとかたくなる。
みりん	小さじ¼
塩	小さじ¼
薄口しょうゆ	少々 → きれいな卵色にするために、薄口しょうゆを使う。

●●● 蒸し器がなければ「地獄蒸し」に

蒸し器がなくても、茶わん蒸しは作れます。
茶わん蒸しの器が入るふたつきの鍋（器を入れた状態でふたができる深さのもの）を用意します。
鍋底にふきんを敷いて湯を沸かし、湯が沸騰したら卵液の入った茶わん蒸しの器を入れ、ふきんをかぶせたふたを、少しずらしてかけ、そのまま加熱します。このように、直接器を入れて蒸す方法を「地獄蒸し」といいます。

難易度 ★★☆

調理時間 20分

エネルギー量 114kcal

おもに使う調理道具

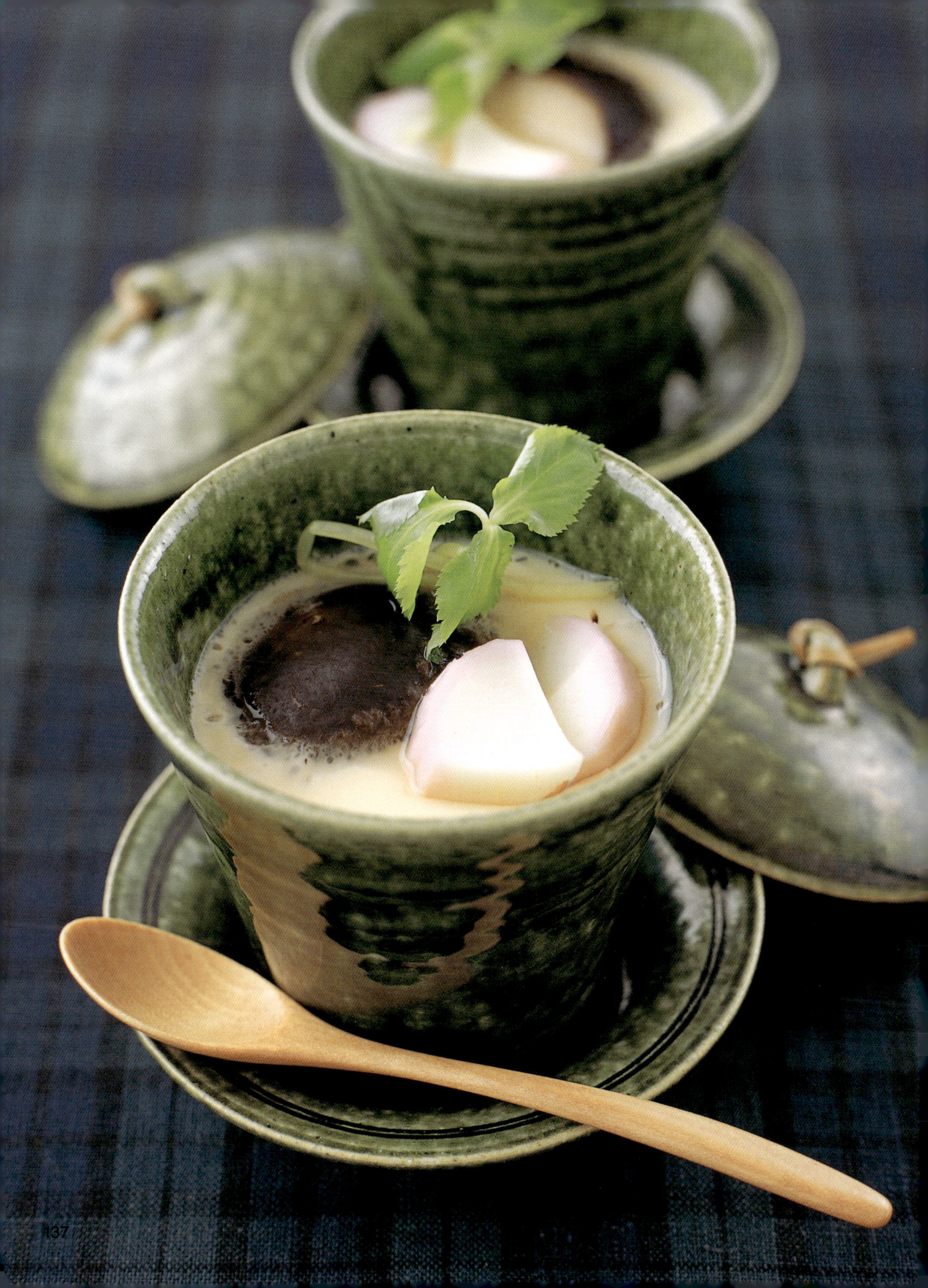

下ごしらえ

1 しいたけは軸から切り落とす。

> **Point ▶▶**
> 軸の部分は食べられますが、かたいので取り除きます。

2 包丁を斜めに入れ、半分に切る。

3 かまぼこは板にそって包丁の背を差し込む。

> **Point ▶▶**
> 必要な分量だけ板からはずします。

4 端から厚さ5mmの薄切りにし、さらに半分に切る。

5 ぎんなんは殻をペンチなどで割る。

> **Point ▶▶**
> しっかり力の入るもので割りましょう。市販の水煮のぎんなんを用意しても。

6 鍋に湯を沸かし、ぎんなんを入れ、玉じゃくしなどでかるくおさえて転がし、皮をむきながら2分くらいゆでる。やわらかくなったらざるに上げ、水気をきる。

♨♨

7 鶏肉は一口大にそぎ切りにする。

> **Point ▶▶**
> 肉の繊維を切るようにすると、やわらかくなります。

8 鶏肉にAの調味料を加え、下味をつける。

薄口しょうゆ・酒各小さじ½

9 鍋にBの調味料を入れて火にかけ、煮立ったら火を止める。

♨♨♨ ➡ 止める

だし汁1カップ、みりん・塩小さじ¼、薄口しょうゆ少々

10 ボウルに卵を溶きほぐす。

> **Point ▶▶**
> 白身を切るようにして、黄身とよく混ぜ合わせます。

Part 5 卵・豆腐・乾物の料理

♨弱火 ♨♨中火 ♨♨♨強火

11
10に9を注ぎ入れ、混ぜる。

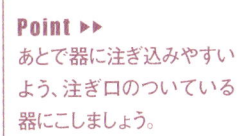

12
卵液をこす。

Point ▶▶
あとで器に注ぎ込みやすいよう、注ぎ口のついている器にこしましょう。

13
器に鶏肉、ぎんなん、しいたけを入れる。

14
12の卵液を流し入れる。

調理

15
蒸気の立った蒸し器に、14を入れる。
🔥🔥🔥

16
ふきんで包んだふたをして、強火で3分加熱し、弱火にして7分加熱する。
🔥🔥🔥 ➡ 🔥

Point ▶▶
蒸気でふたの内側に水滴がつくので、ふきんで包んでおきましょう。

17
弱火にして3分ほどしたら、一度ふたをとり、かまぼこをのせ、さらに4分加熱する。器の縁に透明なだしがにじんでいればできあがり。
🔥

18
鍋に湯を沸かし、三つ葉の軸だけをさっとゆでる。
🔥🔥

Point ▶▶
葉はくたっとならないように、ゆでません。

19
茎の部分を結び、飾り用に形をととのえ、17にのせる。

ココがポイント
茶わん蒸しは強火で加熱しすぎると、卵液が煮えたってしまい、かたまったときに小さな気泡ができて（すが立って）、なめらかに仕上がりません。最初は強火で加熱しますが、あとは弱火にして、じっくり火を通すようにしましょう。

う巻き玉子＆厚焼き玉子

卵液にだし汁を加えてやさしい味わいに。最後に巻きすで形をととのえるのがコツ。

う巻き玉子

材料 (2人分)

- 卵 ………………………… 4個
- うなぎの蒲焼き（市販品） ………………… 幅3cmを1切れ　→ 長さは卵焼き器に合わせて切る。
- だし汁 ……………………… 大さじ4
- A
  - みりん …………………… 小さじ1
  - 薄口しょうゆ …………… 小さじ1
  - 塩 ………………………… 少々
- 油 …………………………… 適量

厚焼き玉子

材料 (2人分)

- 卵 ………………………… 4個
- B
  - みりん …………………… 小さじ1
  - 砂糖 ……………………… 大さじ2　→ 甘さは好みで調節して。
  - しょうゆ ………………… 小さじ1　→ きれいな卵色にするには、薄口しょうゆに。
- 油 …………………………… 適量
- 大根おろし ………………… 5cm分

慌てずに卵焼きを作るには

卵焼き器（またはフライパン）に卵液を入れてもたもたしていると、すぐに卵が固まってきてしまいます。慣れないうちは、卵焼き器をいったん火からおろして（ぬれぶきんの上にのせて）、ゆっくり作業するとよいでしょう。最初からきれいに巻けなくても、最後さえきれいに巻けば大丈夫なので、慌てずに。

	厚焼き	う巻き
難易度	★★☆	★★☆
調理時間	20分	20分
エネルギー量	223kcal	248kcal

おもに使う調理道具：卵焼き器 または フライパン

Part 5　卵・豆腐・乾物の料理

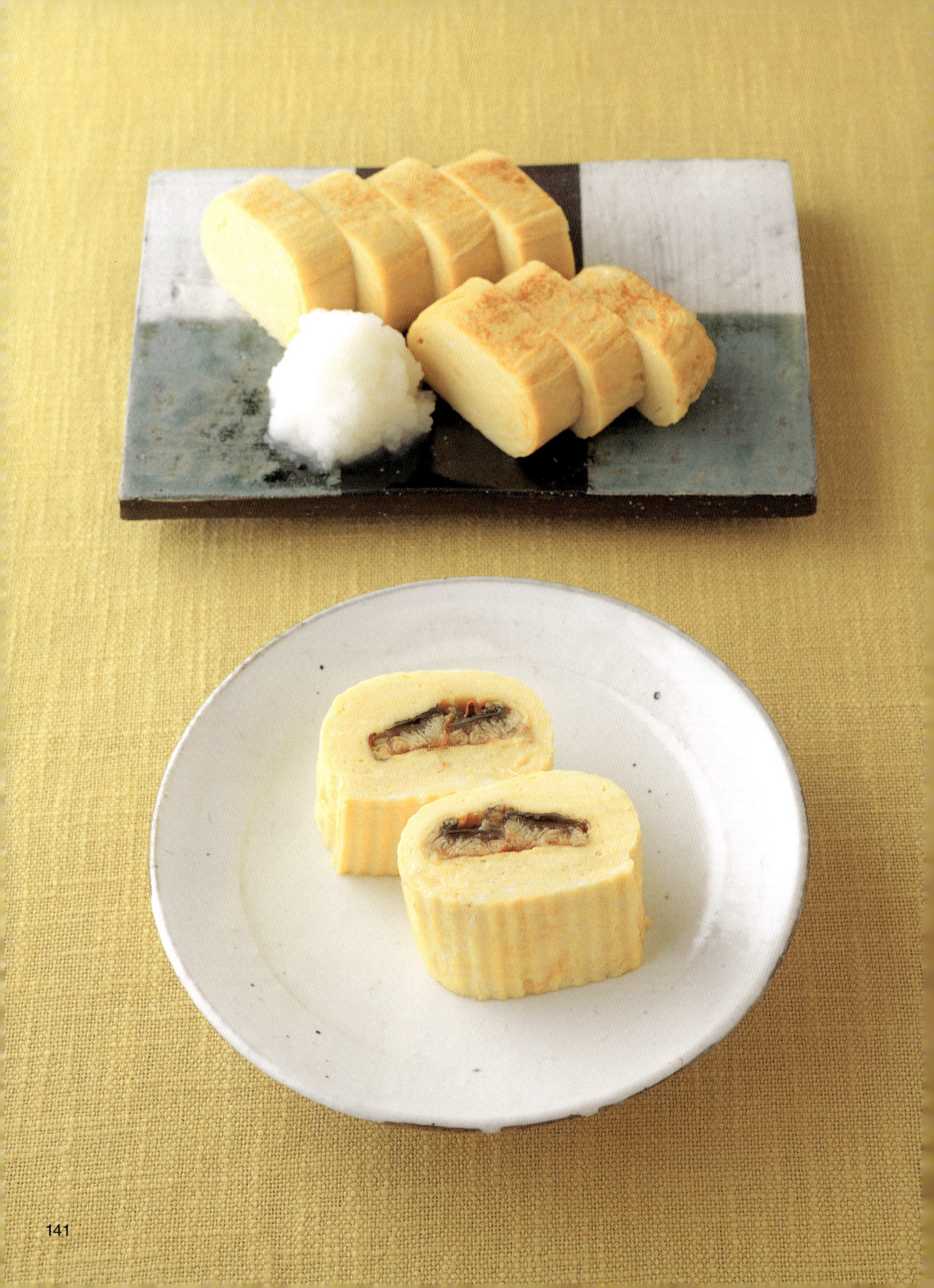

◎う巻き玉子＆厚焼き玉子◎

下ごしらえ

1 巻きすを水にひたしておく。

2 ボウルに卵を溶きほぐす。

Point ▶▶ 白身のどろっとしたところが残らないように。

3 卵にだし汁とAの調味料を加えて溶く。

だし汁大さじ4、みりん・薄口しょうゆ各小さじ1、塩少々

Point ▶▶ 厚焼き玉子の場合はBの調味料を加えましょう。

4 卵液をこす。

Point ▶▶ こしておくと、卵液を少しずつ流し込みやすくなります。

調理

5 卵焼き器を火にかけてよく熱し、全体に火がまわったら、ぬれぶきんの上にのせて一度冷ます。

🔥🔥 ➡ 止める

6 再び火にかけ、油を薄くひく。
🔥

Point ▶▶ よく熱したのち、ぬれぶきんの上にのせた卵焼き器は、火が均等にまわっています。

7 卵液を、ちょうど全体に広がるくらい流し入れ、うなぎを上にのせる。厚焼き玉子の場合はそのまま焼く。
🔥

8 卵がやや固まってきたら、うなぎを芯にして、手前に向かって巻く。
🔥

Point ▶▶ うなぎを手で押さえながら、巻きはじめます。やけどに注意しましょう。

9 手前まで巻いてきたら、上に移動させ、卵焼き器全体に油を薄くひく。
🔥

10 再び卵液を流し入れる。
🔥

Point ▶▶ 上に移動した卵焼きの下まで流し入れる。

Part 5 卵・豆腐・乾物の料理

🔥弱火　🔥🔥中火　🔥🔥🔥強火

◎卵焼き器、巻きすがない場合◎

1 フライパンを火にかけてよく熱し、ぬれぶきんの上にのせて、火のまわりを均等にする。
🔥🔥 ➡ 止める

2 フライパンに油を薄くひき、卵液を流し入れる。

3 卵がやや固まってきたら、手前に向かって巻く。卵を奥に移動させ、再び卵液を流し、同様に2〜3回巻く。

4 アルミホイルに取り出し、形をととのえる。

11 卵がやや固まってきたら、手前に向かって巻く。

12 手前まで巻いてきたら、再び上に移動させ、卵焼き器全体に油を薄くひく。

13 10〜12を卵液がなくなるまで繰り返す。最後は少し多めの卵液を流し入れて巻く。

仕上げ

14 水気をきってふいた巻きすの上に、焼き上がった卵焼きをのせる。

15 巻きすで包んで、形をととのえる。食べやすく切って器に盛る（厚焼き玉子は大根おろしを添える）。

Point ▶▶
熱いうちに形をととのえましょう。

ココがポイント
薄く流し込んだ卵液に火が通りすぎてしまうようであれば、いったんぬれぶきんなどの上にのせて冷まし、落ち着いて作業しましょう。最初のほうは、多少形がくずれていても大丈夫。最後に少し多めの卵液で巻けば、きれいに仕上がります。

炒り豆腐&ほうれんそうの白あえ

味がしみ込みやすい豆腐を使った、手軽な小鉢2品です。

Part 5 卵・豆腐・乾物の料理

炒り豆腐

材料 (2人分)

木綿豆腐	1丁
にんじん	1/3本 (50g)
長ねぎ	1/4本
あさりのむき身	80g
三つ葉	1/2袋
卵	1個
ごま油	大さじ1
A だし汁	1/4カップ
薄口しょうゆ	大さじ1と1/3
酒	大さじ1
みりん	大さじ1/2
しょうが汁	小さじ1
塩	小さじ1/4

→ 絹ごし豆腐はくずれやすいので木綿豆腐を選ぶ。

→ ごま油で炒めると、香りとコクをプラスできる。

→ 仕上がりの色が濃くなってもよければ、濃口しょうゆでもOK。

ほうれんそうの白あえ

材料 (2人分)

ほうれんそう	2/3束 (200g)
木綿豆腐	1/4丁
A 練りごま	大さじ1
西京みそ	大さじ1
薄口しょうゆ	小さじ1
砂糖	小さじ1
しょうゆ	大さじ1
塩	少々

→ すりごまでも。

→ みその種類は何でもOK。甘みの少ないみそを使う場合は、砂糖の分量を調節する。

難易度 ★☆☆　**調理時間** 20分

エネルギー量 130kcal (白あえ)　241kcal (炒り豆腐)

おもに使う調理道具

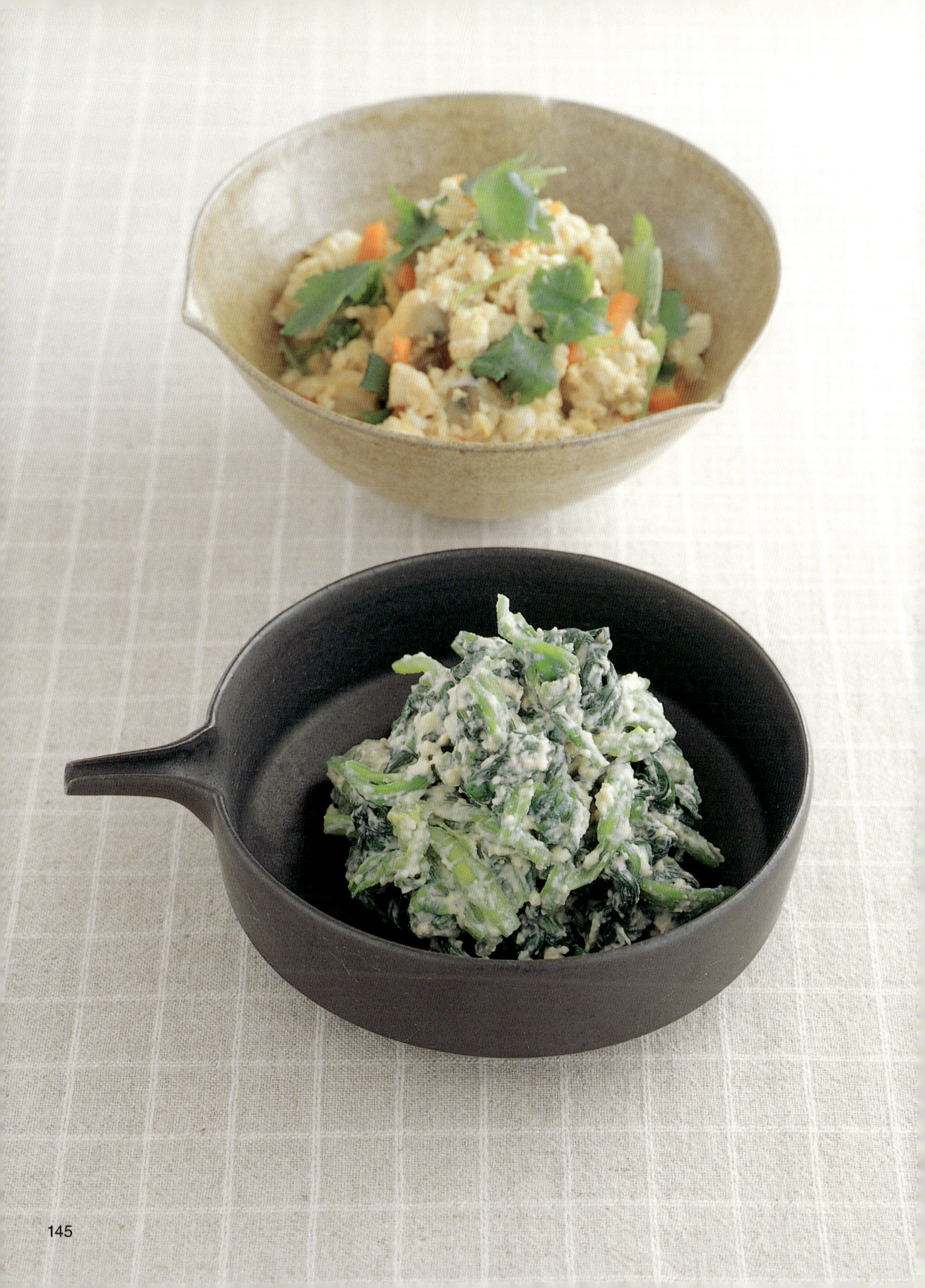

◎炒り豆腐◎

下ごしらえ

1 豆腐は皿などの重しをのせ、ほかの材料を切る間くらいおいて水気をきる。

> **Point ▶▶**
> かたい木綿豆腐なら水気はきらなくてもOK。

2 にんじんは長さ2cmの細切りにする。

3 長ねぎは縦半分に切ってそろえ、小口切りにする。

4 あさりはざるに入れ、水でさっとふり洗いし、水気をきる。

調理

5 フライパンにごま油を薄くひき、あさりを炒める。
🔥🔥🔥

6 あさりの色が変わったら、にんじん、長ねぎを加えて炒め合わせる。
🔥🔥🔥

7 水気をきった豆腐を手でくずしながら入れ、1分炒める。
🔥🔥🔥

8 Aの調味料を回し入れ、強火のまま大きく混ぜながら4〜5分炒りつける。
🔥🔥🔥

だし汁¼カップ、薄口しょうゆ大さじ1と⅓、酒大さじ1、みりん大さじ½、しょうが汁小さじ1、塩小さじ¼

9 卵を溶きほぐして回し入れ、にじみ出た水分をとじるように大きく混ぜて火を止める。器に盛り、ざく切りにした三つ葉を散らす。
🔥🔥🔥 ➡ 止める

ココがポイント: 豆腐は手でくずし入れるほうが、でこぼこになった断面に味がしみ込みやすくなります。調味料を加え、豆腐にまんべんなく味がなじんだところで、卵を回し入れてまとめましょう。

Part 5 卵・豆腐・乾物の料理

🔥弱火　🔥🔥中火　🔥🔥🔥強火

◎ほうれんそうの白あえ◎

下ごしらえ

1 鍋に水と豆腐を入れて火にかけ、沸騰してから1分ほどゆでる。

Point ▶▶ 電子レンジで1分加熱するのでもOK。

2 豆腐を皿に取り出し、上に皿などの重しをのせ、厚さが2/3ほどになるまで水きりする。

Point ▶▶ 豆腐を冷ましながら、水きりします。

3 ほうれんそうは根をギリギリで切り落とす。

4 根元に十字に切り目を入れる。

Point ▶▶ 熱の通りがよくなるように、切り目を入れます。

5 鍋に塩を加えた湯を沸かし、ほうれんそうを根元から入れ、ゆっくり5つ数えたら葉も入れて30秒ほどゆでる。

塩少々

6 氷水にとり、一気に冷ます。冷めたら根元をそろえて水気をしぼる。

7 しょうゆを根元からかけ、上から下に、しょうゆを送るようにしぼり、長さ4cmに切る。

しょうゆ大さじ1

仕上げ

8 すり鉢に2の豆腐を入れてなめらかに混ぜ、Aの調味料を加えて混ぜる。

練りごま・西京みそ各大さじ1、薄口しょうゆ・砂糖各小さじ1

9 8に7のほうれんそうを加え、混ぜ合わせる。

ココがポイント 豆腐は水気を適度にきるのがポイント。水気が多いと味が決まらず、水気をきりすぎるとボソボソとしてしまいます。厚さが2/3くらいになるのをめやすに水気をきりましょう。

がんもどき

豆腐の水気をしっかりとることが上手に作るコツ。手作りならではのおいしさです。

Part 5 卵・豆腐・乾物の料理

材料（2人分）

木綿豆腐	1丁
きくらげ	2枚
にんじん	¼本（40g）
ぎんなん（水煮）	6粒
卵白	1個分
片栗粉	小さじ1
塩	少々
青じそ	適量
おろししょうが	適量
揚げ油	適量

➡ 絹ごし豆腐は水気が多いので、木綿豆腐を選ぶ。

➡ 全卵を入れてもよいが、ややまとまりにくくなる。

●●●● がんもどきは、水きりがポイント

がんもどきは豆腐と野菜で作る精進料理の揚げ物で、関西では「飛龍頭（ひりょうず）」とも呼ばれます。
作るときのポイントは、なんといっても豆腐の水きりです。豆腐に重しをのせ、厚みが半分くらいになるまで水きりをしましょう。早く水きりをしたい場合は、キッチンペーパーなどに包んで、電子レンジで3分ほど加熱するとよいでしょう。

●●●● がんもどきをひとつにまとめる卵白

がんもどきをひとつにまとめる役割をしているのが卵白です。このように、材料同士をくっつけたり、なめらかに仕上げるために加えるもののことを「つなぎ」といいます。がんもどきには卵白のほかにも、片栗粉、すりおろした山いもやれんこんなどをつなぎとして加えることもあります。

難易度 ★★☆

調理時間 25分

エネルギー量 253kcal

おもに使う調理道具

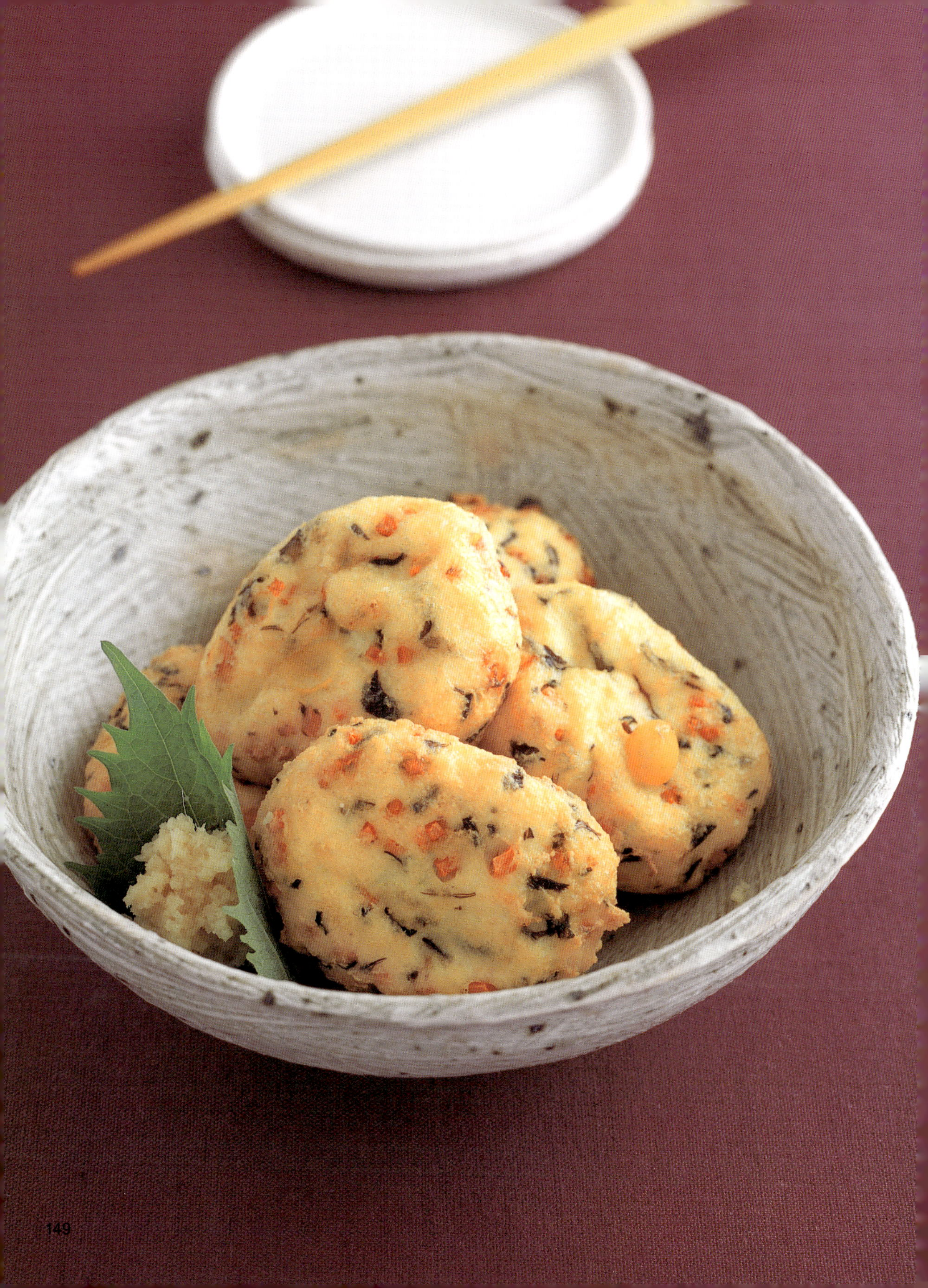

下ごしらえ

1 きくらげは水につけて戻す。

2 豆腐は耐熱皿にのせて電子レンジで3分加熱したのち、皿2～3枚の重しをのせ、冷めるまでそのままおき、水きりをする。

3 にんじんは縦に細切りにする。

4 細切りにしたにんじんをそろえ、3mm角程度のみじん切りにする。

5 ぎんなんは半分に切る。

6 戻したきくらげは、石づきの部分を取り除く。

Point ▶▶ ゴロゴロとしたかたい部分を手で取り除きましょう。

7 きくらげを重ねて、端から細切りにする。

8 ボウルに水気をきった豆腐を入れ、ほぐした卵白、片栗粉、塩を加え、ゴムべらで混ぜる。

卵白1個分、片栗粉小さじ1、塩少々

9 8に、にんじん、ぎんなん、きくらげを加えて混ぜ合わせる。

10 具が混ざったら平らにし、6～8等分に線をつける。

Point ▶▶ 丸めていくときの分量のめやすになります。

Part 5 卵・豆腐・乾物の料理

弱火　中火　強火

Arrange 揚げ出し豆腐

豆腐を包む片栗粉のころもに、だし汁がしみ込みます。

材料(2人分)
- 豆腐 ……………………… 1丁
  ※木綿でも絹ごしでも好みで。
- 片栗粉 …………………… 適量
- A
  - だし汁 …………… 1と½カップ
  - 薄口しょうゆ ………… 小さじ2
  - しょうゆ …………… 小さじ1
  - 酒 ………………… 大さじ1
  - みりん ……………… 小さじ1
- 万能ねぎ ………………… 4本
- おろししょうが ………… 小さじ2
- 揚げ油 …………………… 適量

229kcal

作り方

1 豆腐は4等分に切る。

2 フライパンに揚げ油を入れて中温(170℃)に熱し、豆腐全体に片栗粉をまぶして入れ、表面がしっかり固まるまで3分ほどゆっくり揚げる。

3 2を網などに取り出し、しっかり油をきって器に盛る。

4 鍋にAの材料を入れて煮立て、3に注ぎ入れる。小口切りにした万能ねぎとおろししょうがを添える。

調理

11 フライパンに揚げ油を入れて中温(170℃)に熱し、手に油をつけて10を円盤形に丸めて入れ、揚げる。

Point ▶▶ 油に入れてすぐにさわるとくずれるので、そのまま2分ほどおき、ゆらゆらと動くようになってから裏返す。

12 うっすらときつね色に色づくまでゆっくり揚げ、網に取り出し、油をきる。器に盛り、青じそとおろししょうがを添え、好みでしょうゆをつけて食べる。

ココがポイント

しっとりとしたがんもどきにするには、豆腐の水きりをしっかりすることと、生地がバラバラにならないように卵白を加えるのがポイントになります。
また、生地をなめらかにするために片栗粉を加えます。
たねを成形して油に入れたら、すぐにさわるとくずれてしまうので、まわりが固まってから裏返すようにしましょう。豆腐はもちろん、具もすべて生でも食べられるものばかりなので、きつね色に色づいたら取り出してOKです。

卯の花

豆腐を作るときに出るおからに、具やだしのうまみをしみ込ませます。

Part 5 卵・豆腐・乾物の料理

材料 (2人分)

おから	100g
にんじん	1/3本(50g)
ごぼう	15cm(50g)
万能ねぎ	6本
ごま油	大さじ2
A だし汁	1カップ
薄口しょうゆ	小さじ2
砂糖	小さじ2
酒	小さじ1
みりん	小さじ1
塩	小さじ1/4

難易度 ★☆☆

調理時間 **20**分

エネルギー量 **216**kcal

おもに使う調理道具

🔥弱火 🔥🔥中火 🔥🔥🔥強火

下ごしらえ

1 にんじんは縦に細切りにし、長さ2cmに切る。

2 ごぼうは皮をこそげ取り、ささがきにして水に2分ほどつけ、水気をきる。

Point ▶▶ ごぼうが太ければ、十字に切り込みを入れてからささがきに。

3 万能ねぎは小口切りにする。

4 フライパンにおからを入れて火にかけ、から炒りして水分を飛ばし、器に取り出しておく。

♨♨ ➡ 止める

Point ▶▶ おからは耐熱皿に広げて電子レンジで2分ほど加熱してもOKです。

調理

5 フライパンにごま油を入れて熱し、ごぼうをざっと炒め、にんじんを加えて炒め合わせる。

♨♨

6 続いて4のおからを加え、炒め合わせる。

♨♨

7 Aの材料を順に加える。

♨♨

だし汁1カップ、薄口しょうゆ・砂糖各小さじ2、酒・みりん各小さじ1、塩小さじ1/4

8 全体にしっとりとするまで混ぜながら3分ほど煮る。

♨♨

Point ▶▶ おからが煮汁を吸って、しっとりしてきます。

9 万能ねぎを散らし、ひと混ぜする。

♨♨

ココがポイント おからは生の大豆の皮なので、青臭さをとるために、から炒りしてから使います。大豆はきちんと火を通さないとしぶいので、しっかり炒めてください。また、水気をある程度飛ばしておくと、味がしみ込みやすくなります。

切り干し大根と打ち豆の煮物

常備しておくと便利な乾物を使った、煮物をご紹介。

Part 5 卵・豆腐・乾物の料理

材料 （2人分）

切り干し大根	40g
車麩（小）	6枚（20g）
打ち豆	30g
だし汁	1カップ
打ち豆の戻し汁	1カップ
A しょうゆ	大さじ1
酒	大さじ1
みりん	大さじ1
砂糖	小さじ1
白いりごま	少々

難易度 ★☆☆
調理時間 **20**分
エネルギー量 **183**kcal
おもに使う調理道具

🔥弱火　🔥🔥中火　🔥🔥🔥強火

下ごしらえ

1 打ち豆はさっと洗い、30秒水にひたす。

2 切り干し大根はざっと洗ってたっぷりの水に7分つけて戻し、水気をしぼる。

Point ▶▶ 水につけすぎるとうまみがなくなるので、7分くらいをめやすに。

3 車麸はたっぷりの水につけてふっくらと戻す。

4 1の打ち豆はざるにあける。戻し汁は煮汁に使うので1カップ分を取り分けておく。

5 水気をきった切り干し大根を食べやすい長さに切る。

6 車麸は水気をしぼり、4等分に切る。

Point ▶▶ 両手ではさむようにして水気をきります。

調理

7 フライパンに切り干し大根、だし汁、4の戻し汁を入れ、火にかけて5分煮て、Aの調味料を加える。

しょうゆ・酒・みりん各大さじ1、砂糖小さじ1

8 打ち豆を加え、さらに5分煮る。

9 最後に車麸を加え、煮汁を吸うまで3分煮る。器に盛り、好みで白ごまをふる。

Point ▶▶ 煮汁が少なくなってきたら、鍋を傾けて煮汁を回しながら煮ましょう。

ココがポイント 乾物は戻すときに水につけすぎるとうまみがなくなるので、製品の表示にしたがって、つける時間を調節してください。打ち豆は戻さなくても使えますが、さっと水につけてから使うと煮汁が少なくてすみます。

五目豆

好みに合わせて、味つけだけでなく豆のかたさも思いのままです。

材料 （作りやすい分量）

大豆（乾）……………… 200g	→ 食べる前日に水につけて戻す。
干ししいたけ …………… 3枚	
昆布 ……………………… 5g	
にんじん ………… ½本（80g）	
れんこん ………… ½節（70g）	
砂糖 …………… 大さじ2と½	→ 甘さは好みで調節して。
しょうゆ ………………… 大さじ4	
みりん …………………… 大さじ1	

Part 5　卵・豆腐・乾物の料理

●●●● 大豆以外の豆の調理ポイント

大豆の調理方法は次のページで紹介していますが、白いんげん豆やうずら豆などの乾燥豆も同様にして下ごしらえします。

まずは、さっと洗ってたっぷりの水にひと晩（5〜6時間）つけ、大豆以外の豆は、新しい水に取り替えて火にかけ、一度さっとゆでてざるにとります（ゆでこぼす）。水を替え、やわらかくなるまで弱火で煮て、砂糖などの調味料を加えて味をととのえるのが基本です。

●●●● 大豆はまとめてゆでて冷凍保存も

大豆は量の多少に限らず、ゆで時間は同じです。ですから、時間があるときにまとめてゆでておき、冷凍保存しておくと便利です。

冷凍保存するときは、やわらかくなるまでゆでたものを、粗熱をとってからゆで汁ごと密封できる保存用ポリ袋に入れて保存します。使うときは自然解凍し、煮物などに。缶詰や真空パックの水煮大豆と同じように使えます。

難易度　★★☆

調理時間　1時間半　豆をもとす時間は除く

エネルギー量　1092kcal（全量）

おもに使う調理道具

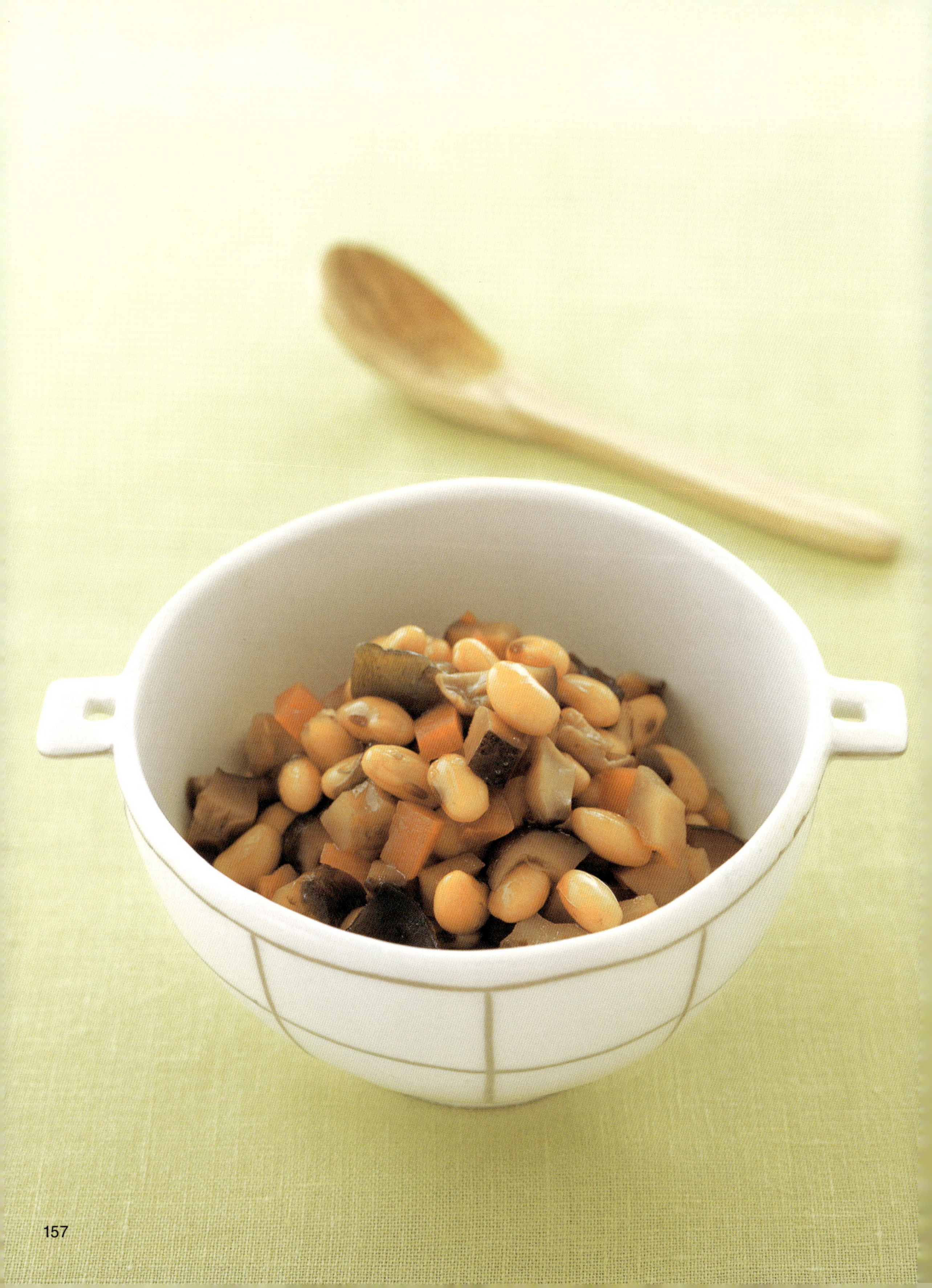

下ごしらえ

1 大豆はさっと洗い、700mlの水とともに鍋に入れ、5時間以上おいてふっくらと戻す。

2 干ししいたけは水につけて戻す。

3 昆布は水につけ、やわらかく戻す。

4 もどした干ししいたけは、軸を取り除く。

5 7mm角に切る。

Point ▸▸ 水でもどした大豆よりやや小さめに切り、形をそろえます。

6 にんじんは7mm角に切る。

7 れんこんは7mm角に切る。

8 戻した昆布は、1cm角に切る。

調理

9 1の鍋を火にかけ、煮立ったら弱火にしてアクをとる。
🔥🔥🔥 ➡ 🔥

Point ▸▸ 白い泡のようなアクが浮いてくるので、網じゃくしなどでとりましょう。

10 ふたをずらしてかけ、40分〜1時間ゆでる。
🔥

Part 5 卵・豆腐・乾物の料理

🔥弱火 🔥🔥中火 🔥🔥🔥強火

11
豆がずっとゆで汁をかぶった状態を保ちたいので、昆布の戻し汁や水をたしながら煮る。

Point ▶▶
昆布の戻し汁などを加えてもOK。

12
大豆が手でつぶせるくらいになるまでゆでる。

13
昆布、しいたけを加え、5分煮る。

14
れんこん、にんじんを加え、1分煮る。

15
砂糖を加え、野菜がやわらかくなるまでさらに15分ほど煮る。

砂糖大さじ2と1/2

16
昆布から出てくるアクをとる。

17
しょうゆ、みりんを加え、煮汁が少なくなるまで煮る。

しょうゆ大さじ4、みりん大さじ1

18
煮汁がほとんどなくなったら、ひと混ぜしてできあがり。

➡ 止める

ココがポイント

乾燥大豆を使うときは、さっと洗ってたっぷりの水につけ、5時間ほどおいて戻し、そのまま火にかけてゆでます。
大豆はゆでるとアク（白い泡のようなもの）が出てくるので、しっかり取り除いてから、そのほかの具を加えていきます。
また大豆は、つねに水にかぶっている状態でゆでるとやわらかくゆで上がるので、必要に応じて水をたしながらゆでましょう。

和食器の手入れ法

和食器には、陶器、磁器、漆器などがあります。それぞれの特徴と手入れ法を紹介します。

(漆器)

■ 特徴
木製の器にうるしを塗った器で、軽くて熱伝導率が低いのが特徴。汁物などの熱いものを入れても熱が直接伝わりにくいので、汁椀などに多用されています。また、うるしには防水や防腐効果もあります。

■ 使うときの注意点
漆器は急な温度変化に弱いので、熱いものを盛るときは、あらかじめぬるま湯などで温めておきましょう。

■ 使い終わったら
陶器など、ほかの器といっしょに洗うと傷がつきやすいので、漆器だけを先に洗うとよいでしょう。傷がつかないやわらかなスポンジを使って汚れを落とします。洗い終わったあとは、すぐにふきんで水気をふき取り、自然乾燥させてください。急な温度変化に弱いので、食器乾燥機などの使用は厳禁です。

(陶器)

■ 特徴
粘土を焼いた器で、土のやわらかさやあたたかみが感じられます。また、吸水性が高いため、汚れがつきやすく、ひび割れやカビなどが発生しやすいのが難点。

■ 使うときの注意点
料理を盛りつける前に、水に10分ほどつけてから使用すると汚れやにおいがつきにくくなります。また、はじめて使うときは、鍋にたっぷりの水とともに入れて30分ほど煮沸してから使います。このときグラグラ煮るのではなく、中火くらいでOK。米のとぎ汁などを使えば、土のすき間が埋まるので効果的です。煮沸後は急に水につけるとひび割れてしまうので、そのまま冷ましてください。

■ 使い終わったら
陶器は汚れがしみ込みやすいので、使い終わったらすぐに洗います。傷がつかないやわらかいスポンジを使って、しっかり汚れを落としましょう。洗い終わったら、ふきんで水気をふき、しっかりと自然乾燥させます。カビなどが発生しやすいので注意しましょう。

(磁器)

■ 特徴
陶石を粉砕したものが原料の(粘土と混ぜる場合もある)器で、かたくてシャープな印象になります。吸水性がないので手入れがしやすいのが特徴。

■ 使うときの注意点
陶器のように吸水性がないので、水で洗うだけですぐに使えます。

■ 使い終わったら
傷がつかないやわらかいスポンジを使って、しっかり汚れを落としましょう。洗い終わったら、ふきんでしっかり水気をふけば、すぐに収納しても大丈夫です。

Part 6

ご飯・汁物・鍋料理

炊き込みご飯やちらし寿司、潮汁やみそ汁、
おでんや寄せ鍋といった和食を集めました。
人が集まるときに作るメニューこそ、
上手に作って、料理の腕前を披露しましょう。

五目炊き込みご飯

具は米にのせて炊き、炊き上がってから混ぜるのが基本です。

Part 6 ご飯・汁物・鍋料理

材料 （作りやすい分量）

米	2合
鶏もも肉	100g → 豚ロース肉や豚もも肉でも。
しょうゆ	大さじ1と½
塩	小さじ⅓
ひじき（乾）	10g
ごぼう	15cm（80g）
にんじん	⅓本（50g）
しめじ	½パック（50g）
A しょうゆ	大さじ½ → 味の濃さは好みで調節して。
A みりん	大さじ½
A 酒	大さじ½

●●● 炊き込みご飯の水加減

炊き込みご飯の水加減は、基本的には調味料を差し引いた分量になります。炊飯器にセットする場合は、米と調味料を加えたあとに、水の量を調節し、具をのせて炊きます。

鍋などで炊く場合は、計量カップに調味料と水を合わせ、米の容量（ml）の2割り増し量にして炊きます（米1合は180ml、その場合の水加減は2割り増しの216mlになります）。

●●● 蒸らし時間も、大切な調理時間

炊き込みご飯に限らず、米を炊いたときの蒸らし時間は、省いてはいけない重要な調理時間です。とくに炊き込みご飯の場合は、炊くときは具を混ぜずにのせて炊き、よく蒸らしてから混ぜ合わせます。蒸らしがたりないうちにご飯と具を混ぜてしまうと、ご飯がつぶれてしまい、ベチャッとした仕上がりになるので注意しましょう。

難易度 ★☆☆

調理時間 15分（炊く時間は除く）

エネルギー量 1363kcal（全量）

おもに使う調理道具

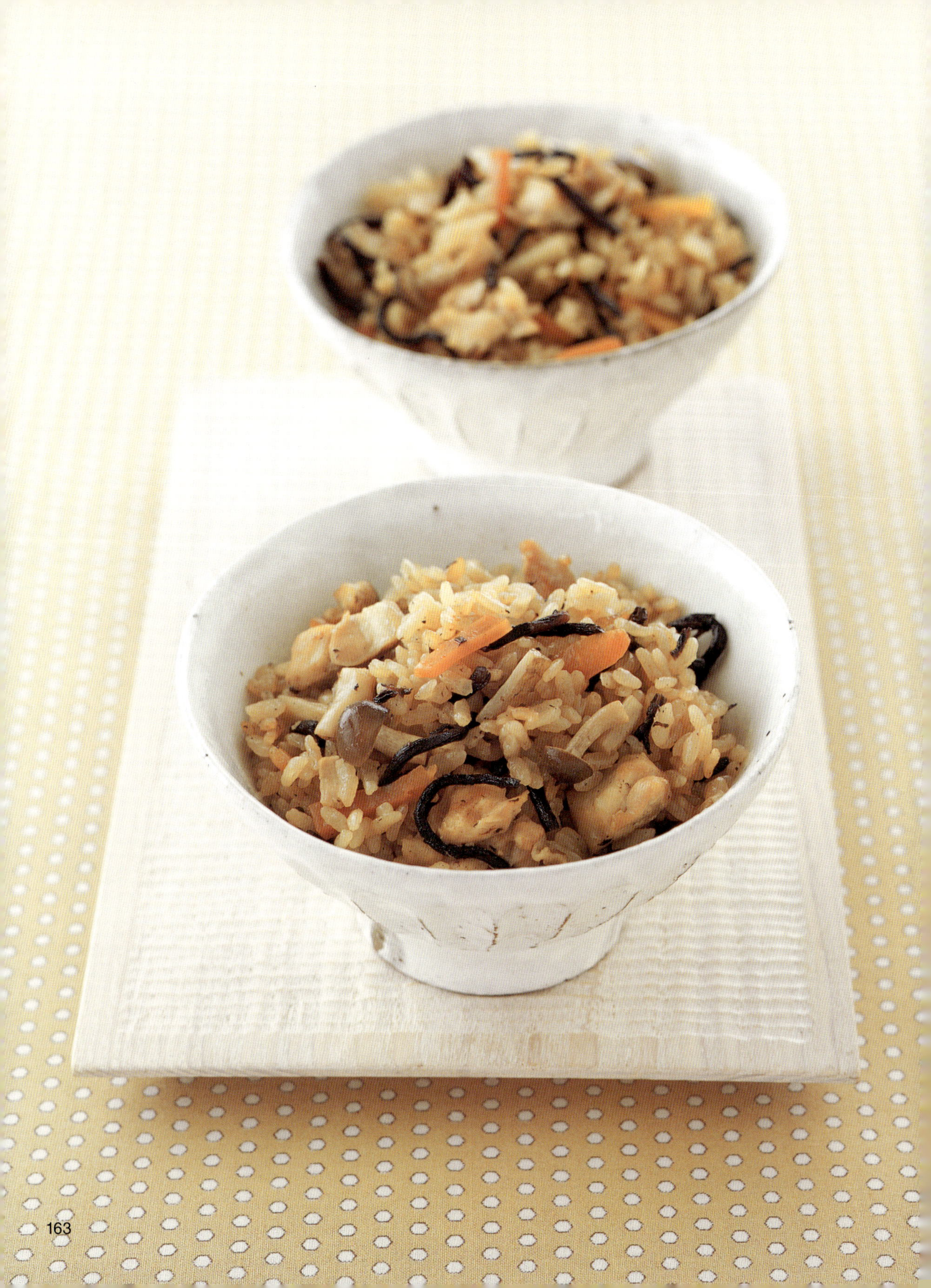

下ごしらえ

1 米は洗ってざるに上げておく。米の洗い方は28ページ参照。

2 ひじきは30分ほど水につけて戻し、ざるに上げて水気をきる。

Point ▶▶ 戻し時間は製品の表示にしたがって調節して。

3 戻したひじきは、長ければ適当な長さに切る。

4 ごぼうは包丁の背でこすり、皮をこそげ取る。

5 長さ2cmの細切りにする。

6 切ったごぼうは水に2〜3分つけてアクをぬき、ざるに上げて水気をきる。

Point ▶▶ 水に長くつけすぎると香りがなくなるので、2〜3分がめやす。

7 にんじんは長さ2cmの細切りにする。

8 しめじは石づきを切り落とす。

9 ほぐして、長さを2〜3等分にする。

10 鶏肉は1.5cm角にそぎ切りにする。

Point ▶▶ 肉の繊維を切るように、包丁を斜めに入れてそぎ切りにすると、肉がやわらかくなる。

Part 6 ご飯・汁物・鍋料理

🔥弱火 🔥🔥中火 🔥🔥🔥強火

Arrange 赤飯

食卓を華やかにするご飯といえば、これ。

材料（作りやすい分量）
- ささげ······················ 1/3カップ
- もち米······················ 2カップ
- 米·························· 1カップ

1728kcal（全量）

作り方

1 ささげは洗って鍋に入れ、かぶるほどの水を注いで火にかける。煮立ったら1分ほど中火でゆで、ざるにとり、水にさらす。再び鍋に入れて同様にゆでこぼす。

2 1を再び鍋に入れ、かぶるほどの水を注いで火にかける。煮立ったら弱火にして15分ゆで、ざるに上げてゆで汁と豆とに分ける。ゆで汁は冷ましておく。

3 もち米と米は合わせて洗い、水気をきって炊飯器の内釜に入れる。

4 2のささげのゆで汁に水をたして2と2/3カップにし、3に注ぐ。30分吸水させ、2のささげを散らして普通に炊く。

5 炊き上がったら十分に蒸らし、豆をつぶさないようにさっくりと混ぜる。

ささげは小豆に似ていますが、煮くずれしにくく、豆の腹が割れないことで、赤飯に使われます。小豆に比べて歯ごたえがあるのも特徴。

---

11 鶏肉にしょうゆと塩をまぶしておく。

しょうゆ大さじ1と1/3、塩小さじ1/3

調理

12 炊飯器の内釜に1の米を入れ、少し水を入れてからAの調味料を入れ、さらに目盛りに合わせて水加減する。

しょうゆ・みりん・酒各大さじ1/2

Point ▶▶ 米に直接調味料を加えると、色がまばらについてしまうので、水を少し入れてから加えましょう。

13 具をすべてのせ、普通に炊く。炊き上がったら十分に蒸らし、さっくり混ぜる。

Point ▶▶ 鶏肉は下味ごと加えてOKです。

ココがポイント 炊き込みご飯の具は、米の上にのせるだけで、炊く前に混ぜる必要はありません。炊く前に米と具を混ぜてしまうと、炊きムラができてしまいます。また、炊き上がってすぐに混ぜると、米がつぶれ、ベチャッとした仕上がりになるので、十分蒸らしたあとに混ぜ合わせましょう。

ちらし寿司と潮汁

お吸い物とセットで、おもてなしの一品に。

Part 6
ご飯・汁物・鍋料理

ちらし寿司

材料 （作りやすい分量）

米	3合
昆布（だし用）	5cm
にんじん	60g
れんこん	150g
┌ えび	12尾
└ 酒	大さじ2
干ししいたけ（スライス）	20g
高野豆腐	1枚
┌ 卵	3個
│ 砂糖	小さじ1
│ 塩	少々
│ 片栗粉	小さじ1
└ 油	少々
┌ だし汁	1と½カップ
│ 薄口しょうゆ	大さじ2と½
A 砂糖	大さじ2
└ 酒	小さじ1
絹さや	8枚

→ 水につけて戻しておく。
→ 湯につけて戻しておく。

→ 別にゆでておく。

[すし酢]

酢	⅔カップ
砂糖	大さじ3
塩	小さじ1

→ すし酢の材料は混ぜ合わせておく。

潮汁

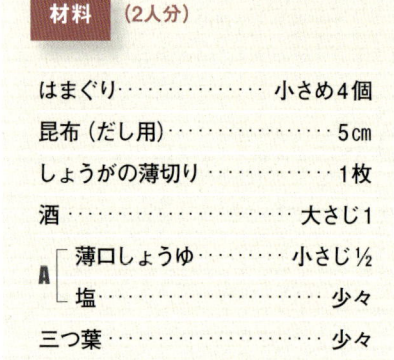

材料 （2人分）

はまぐり	小さめ4個
昆布（だし用）	5cm
しょうがの薄切り	1枚
酒	大さじ1
┌ 薄口しょうゆ	小さじ½
A └ 塩	少々
三つ葉	少々

難易度 ★★☆
調理時間 30分
エネルギー量 2480kcal（ご飯・全量）
20kcal（吸い物）

おもに使う調理道具

166

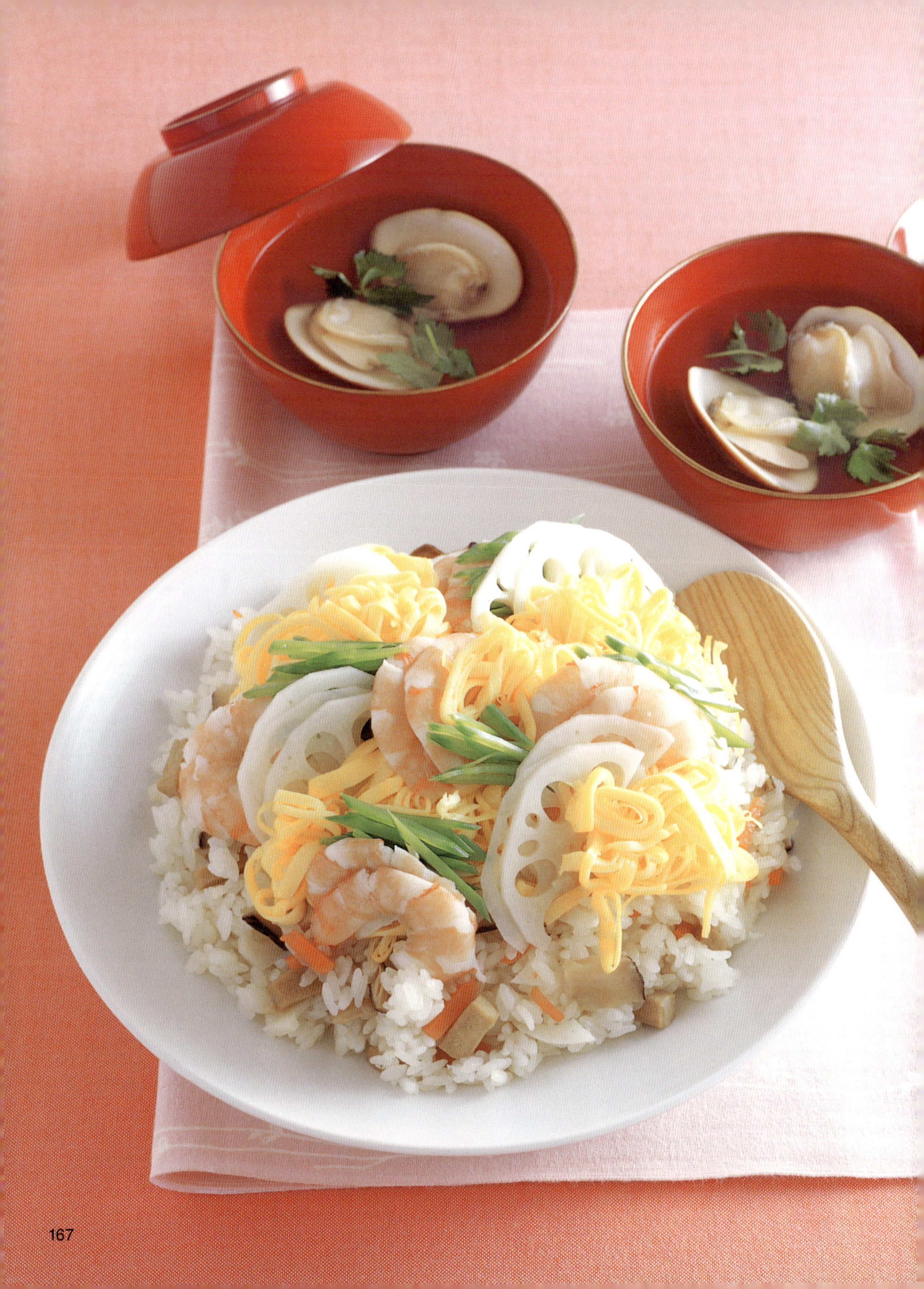

◎ちらし寿司◎

下ごしらえ・調理

1 米は洗ってざるに上げ、かための水加減にし、昆布を加えて30分吸水させたのち、普通に炊く。

> **Point ▶▶**
> 水加減は、米と同量か1割減くらいがめやす。

2 干ししいたけは水で戻し、細かく刻む。

3 高野豆腐は湯にひたして戻し、手ではさんで水気をしぼり、細切りにし、長さを3～4等分に切る。

4 にんじんは細切りにし、長さを2～3等分にする。

5 れんこんは薄い輪切りにし、熱湯に入れてさっとゆでてざるに上げる。
♨♨

6 5が熱々のうちに、混ぜ合わせておいたすし酢大さじ2杯分につけ、冷めるまでおく。飾り用を取り分けて残りは細かく刻む。

7 えびは背ワタをとって鍋に入れ、酒をふりかけて火にかけ、ふたをして2～3分酒蒸しにする。
♨♨ ➡ 止める

酒大さじ2

8 冷めるまでおいてから殻をむき、すし酢大さじ1と½を回しかける。

9 卵は溶きほぐして砂糖と塩を加え、倍量の水で溶いた片栗粉を加え、一度こす。

砂糖・片栗粉各小さじ1、塩少々

10 フライパンに油を薄くひき、卵液を薄く流して両面を焼き、細切りにする。
♨♨

> **Point ▶▶**
> 焼いた卵をくるくると巻き、端から切るときれいな錦糸卵に。

♨ 弱火　♨♨ 中火　♨♨♨ 強火

◎潮汁◎

下ごしらえ

1 はまぐりは3％の塩水にひたして砂抜きする。

> **Point ▶▶**
> 水1カップに対して塩小さじ1がめやす。

2 殻をこすり洗いする。

調理

3 鍋に昆布、しょうが、はまぐりを入れ、水2カップと酒を加え、火にかける。

🔥🔥🔥

酒大さじ1

4 煮立ったら中火にし、アクをとる。

🔥🔥

5 貝の口が開いたら火を止め、味をみて A の調味料を加えて味をととのえる。器に盛り、三つ葉を浮かべる。

🔥🔥 ➡ 止める

しょうゆ小さじ½、塩少々

11 鍋にAの調味料を入れて煮立て、しいたけ、高野豆腐、にんじんを加え、汁気がなくなるまで煮る。

🔥🔥

だし汁1と½、薄口しょうゆ大さじ2と½、砂糖大さじ2、酒小さじ1

12 盤台に炊き上がったごはんを入れ、残りのすし酢を回し入れる。

> **Point ▶▶**
> すし酢はご飯が熱いうちに、しゃもじにつたわせながら回し入れます。

13 うちわであおぎながら、さっくりと混ぜる。

仕上げ

14 汁気をきった**11**、刻んだれんこんを加えて混ぜ合わせる。器に盛り、飾り用にとっておいたれんこん、錦糸卵、厚みを半分に切ったえび、さっとゆでた絹さやを飾る。

ココがポイント
すし酢はあらかじめ混ぜ合わせておき、ゆでたえびとれんこんに、それぞれしみ込ませておきます。
すし酢は、炊きたてのご飯に加え、一気に冷ましてツヤを出すのがコツ。盤台がなければ、早くご飯が冷めるように、ご飯が広げられる平らな容器を用意しましょう。

みそ汁2種
いりこだしのみそ汁／かつおだしのみそ汁

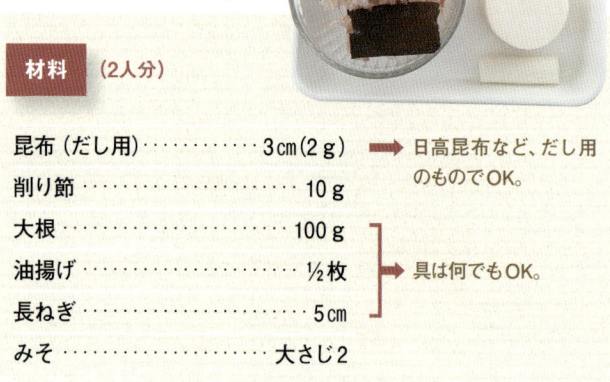

だし、みそ、具材を変えれば、組み合わせは無限に広がります。

Part 6 ご飯・汁物・鍋料理

いりこだしのみそ汁

材料（2人分）

昆布（だし用）	2cm（1g） → 日高昆布など、だし用のものでOK。
いりこ	10g → 煮干しともいう。
小松菜	100g
えのきたけ	50g
みそ	大さじ2

具は何でもOK。

かつおだしのみそ汁

材料（2人分）

昆布（だし用）	3cm（2g） → 日高昆布など、だし用のものでOK。
削り節	10g
大根	100g
油揚げ	½枚
長ねぎ	5cm
みそ	大さじ2

具は何でもOK。

難易度 ★☆☆　調理時間 15分

エネルギー量
60kcal（いりこ）
87kcal（かつお）

おもに使う調理道具

●●● みその選び方

みそは各地にいろいろな種類があり、原料、甘み、色合いなどが違いますが、料理全般に使いやすいのは、信州みそに代表される米みその淡色です。どんな種類のみそでも、だしやうまみ調味料などが添加されていないものを選ぶと、いろいろな料理に使えて便利です。また、数種類のみそを料理に合わせてブレンドして使うと、味わいにバリエーションが出せます。

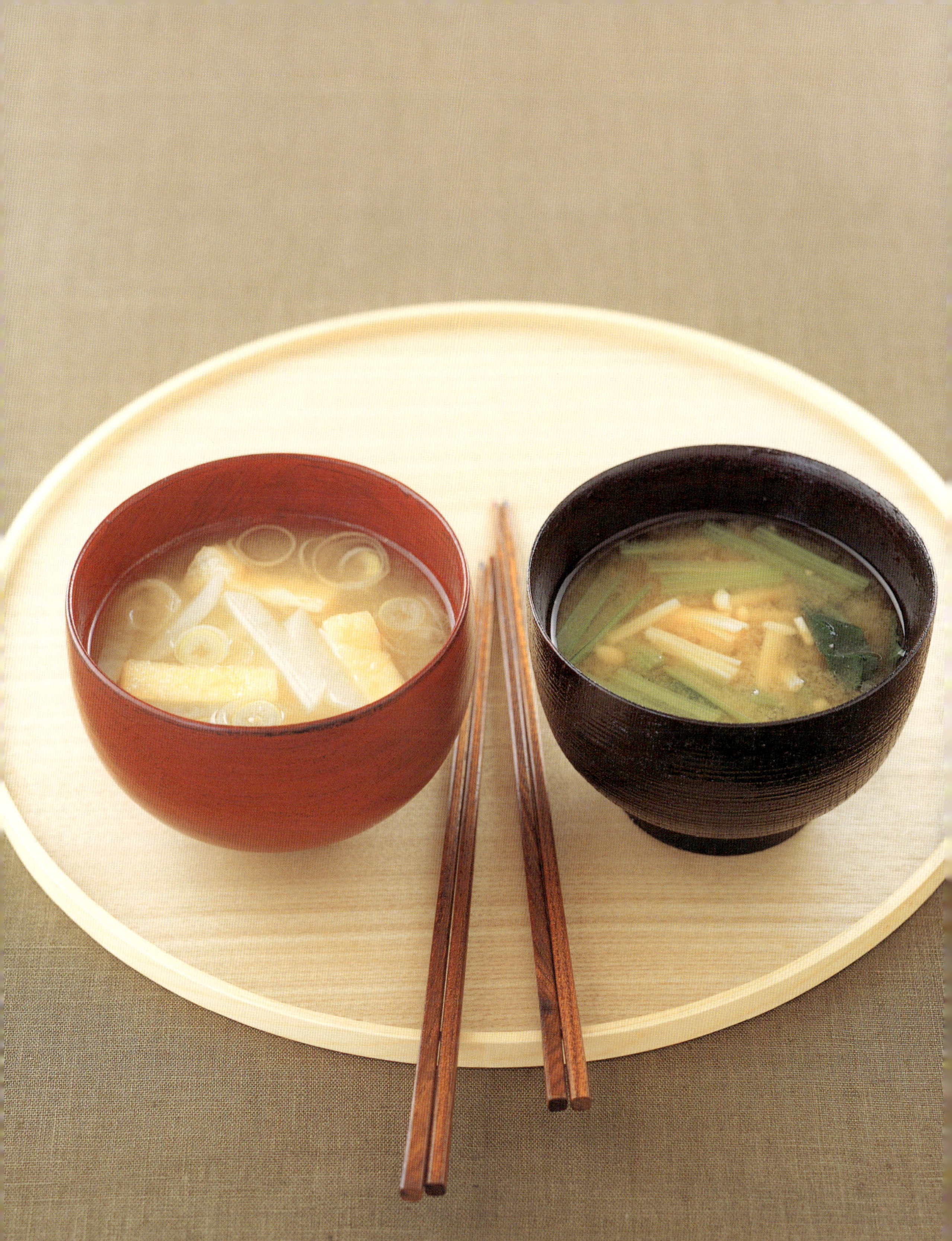

◎いりこだしのみそ汁◎

下ごしらえ

1 昆布は、数カ所に切り込みを入れる。

2 鍋に昆布と水500mlを入れ、時間があれば1時間ほどひたしておく。

Point ▶▶ 時間がないときは、極弱火でじっくり煮出す。

3 いりこは頭をひねり、半分にさいてはらわたを取り除く。**2**の鍋に入れ、ひたしておく。

Point ▶▶ 黒いはらわたは苦みが出るので取り除きます。

4 小松菜は根元を切り落とし、ざく切りにする。

5 えのきたけは石づきを切り落とし、ざく切りにする。

調理

6 **3**の鍋を火にかけ、昆布に小さな泡がついてきたら、取り出す。
🔥〜🔥🔥

7 煮立ったら弱火にし、アクをとりながら7分ほど煮出す。
🔥

8 網じゃくしなどで、いりこを取り出す。
🔥

9 小松菜とえのきたけを加え、やや火を強めてひと煮する。
🔥🔥

10 みそを鍋の湯で溶いてから加え、ひと混ぜして火を止める。
🔥🔥 ➡ 止める

Point ▶▶ みそは香りが損なわれないように最後に溶き入れます。

🔥弱火　🔥🔥中火　🔥🔥🔥強火

◎かつおだしのみそ汁◎

下ごしらえ

1 鍋に、数カ所切り込みを入れた昆布と水500㎖を入れ、時間があれば1時間ほどひたしておく。

Point ▶▶ 時間がないときは、極弱火でじっくり煮出す。

2 大根は半月切りにしたものを重ね、端から細切りにする。

3 油揚げは熱湯を回しかけて油抜きをし、短冊切りにする。

4 長ねぎは小口切りにする。

調理

5 1を火にかけ、昆布に小さな泡がついてきたら、取り出す。

6 煮立ったら削り節を加え、1分したら火を止め、削り節が沈むまで待つ。

→ 止める

Point ▶▶ 削り節が沈む間にだしが出るので待ちましょう。

7 ざるでこす。

Point ▶▶ みそ汁の場合は、ざるに残った削り節を少ししぼってもOKです。

8 鍋にだし汁と大根を入れて火にかけ、大根に火が通ったら、油揚げを入れてひと煮する。

9 みそを鍋の湯で溶いてから加え、最後に長ねぎを加えて火を止める。

→ 止める

ココがポイント

昆布は煮すぎると苦みとぬめりが出てくるので、水につけてうまみを出すのが基本。ただし、時間がないときは、極弱火にかけ、じっくりと煮出すとよいでしょう。いりこは、はらわたをしっかり取り除いておくことが大切。削り節はなるべく新鮮なものを使いましょう。

おでん

いろいろな具のうまみが合わさるからこそのおいしさ。

材料 (作りやすい分量・4人分)

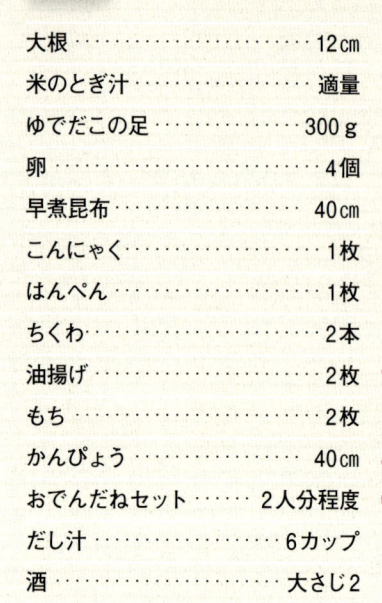

大根	12cm
米のとぎ汁	適量
ゆでだこの足	300g
卵	4個
早煮昆布	40cm
こんにゃく	1枚
はんぺん	1枚
ちくわ	2本
油揚げ	2枚
もち	2枚
かんぴょう	40cm
おでんだねセット	2人分程度
だし汁	6カップ
酒	大さじ2
A 薄口しょうゆ	大さじ1と½
A みりん	大さじ3
A 塩	小さじ1

→ 油揚げの袋にもちをつめたものを作る。

→ おでん用の練り物セット。練り物からもうまみが出るので好みのものを入れる。

Part 6 ご飯・汁物・鍋料理

●●● おでんをおいしく作るコツ

おでんだねには、長時間煮るとおいしいものと、煮すぎるとおいしくなくなるものがあるので、たねに合わせて煮る時間や加えるタイミングを調節しましょう。

大根やじゃがいもなどの野菜は、長く煮るほど味がしみておいしいので、最初の段階で。たこや牛すじなど、うまみを出すものも長く煮ます。反対に、はんぺんなどのように、煮すぎると膨らんでおいしくなくなるものは最後に加えましょう。練り物は煮すぎるとおいしくありませんが、うまみを出すので中盤に加えましょう。

全部の素材をひとつの鍋に煮るので、油が多いものやアクの強い素材は、下ごしらえをするのも忘れずに。

難易度 ★☆☆
調理時間 60分
エネルギー量 459kcal
おもに使う調理道具

175

下ごしらえ

1
大根は皮を厚めにむく。

Point ▶▶
皮の内側に白い筋が入っているので、筋の内側をむきます。

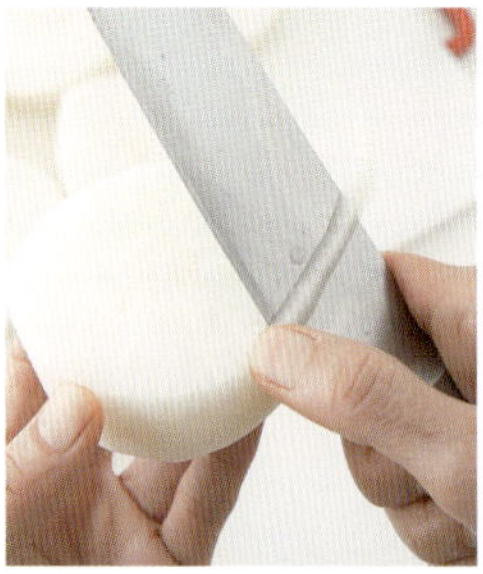

2
厚さ2cmの輪切りにし、切り口の角を切り落とす（面取りをする）。

Point ▶▶
面取りをしておくと、煮くずれしにくくなります。

3
大根の断面に、十字に切り込みを入れる（かくし包丁を入れる）。

Point ▶▶
味のしみ込みがよいように、厚さの¼くらいのところまで切り込みを入れます。

4
鍋に米のとぎ汁を用意し、大根を入れて7分ほどゆでる。
🔥🔥

5
下ゆでした大根は水で洗い、ざるにとって水気をきる。

Point ▶▶
とぎ汁を落とすために洗います。

6
こんにゃくは片面に5mm間隔に斜めの切り込みを入れ、食べやすい大きさに切る。鍋に水とともに入れて火にかけ、煮立ってから2分ゆでてざるにとる。
🔥🔥

Point ▶▶
水からゆでると臭みがとれます。

7
早煮昆布は水につけて戻す。

8
長いまま結び目を作り、適当な大きさに切る。

Point ▶▶
昆布を切ってからだと結びにくいので、結び目を作ってから切りましょう。

9
はんぺん、ちくわは食べやすい大きさに切る。

10
卵はゆでて殻をむく。

Part 6 ご飯・汁物・鍋料理

🔥弱火　🔥🔥中火　🔥🔥🔥強火

11
おでんの練り物は熱湯を回しかけ、余分な油を取り除く。

12
かんぴょうは塩少々（分量外）をふって両手でもんでアクをぬき、水洗いしてから水にひたしてしんなりするまで戻す。

13
油揚げは熱湯を回しかけて油抜きする。半分に切って袋状にし、厚みを半分に切ったもちを入れる。かんぴょうで口をしばる。

14
たこは足を1本ずつ切り分け、大きければ半分に切る。

Point ▶▶
煮ると案外小さくなるので、小さく切りすぎないように。

調理

15
大きめの鍋にだし汁と酒を入れて火にかけ、たこを入れ、ふたをずらしてかけて煮る。

♨♨

だし汁6カップ、酒大さじ2

16
続いて大根を加え、さらに20分ほど煮る。

♨♨

17
Aの調味料を加え、こんにゃくを加える。

♨♨

薄口しょうゆ大さじ1と½、みりん大さじ3、塩小さじ1

18
はんぺん以外のおでんだねをすべて加え、10分ほど煮る。

♨♨

19
最後にはんぺんを加え、5分ほど煮る。

♨♨

Point ▶▶
はんぺんは煮すぎるとパンパンに膨らむので、最後に加えます。

ココがポイント
おでんを作るときは、すべての具が入るくらいの大きめの鍋を用意しましょう。具によっては下ゆでやアク抜きが必要なものがありますが、ひと手間を惜しまず作ると、おいしく仕上がります。しょうゆベースの薄味のだしは、どんな具を入れてもOKです。

寄せ鍋

しょうゆベースの薄味のだしは、どんな具を入れてもOK。

材料 （作りやすい分量・4人分）

白菜	2枚
大根	5cm
しいたけ	4枚
長ねぎ	1と¼本
春菊	¼わ
えび	8尾
たら	2切れ → ほかの食材となじむ白身魚がおすすめ。
くずきり	50g → つるつるとした食感を楽しむ。
だし汁	5カップ
A しょうゆ	大さじ1
酒	¼カップ
みりん	小さじ1
塩	小さじ½

[つくね]

鶏ひき肉	200g
長ねぎ	¼本
卵黄	1個
片栗粉	小さじ½

→ しょうがのみじん切りを少量加えても。

Part 6 ご飯・汁物・鍋料理

難易度 ★☆☆

調理時間 20分

エネルギー量 253kcal

おもに使う調理道具

●●● 鍋をおいしくするコツ

寄せ鍋やすき焼きなどの鍋料理の気をつけるポイントは1つ。食べる分量を考えて材料を入れることです。
一度に食べる分量以上にたくさんの具を入れてしまうと、煮えすぎたものが残ってしまいます。おいしく鍋をいただくためには、人数や食べる分量を考えて、少しずつ材料を入れていきましょう。
煮るのに時間がかかるような材料は、あらかじめ下ゆでしておき、煮る時間をそろえるのもポイントです。また、アクの出る材料を入れたときは、こまめにとることも忘れずに。

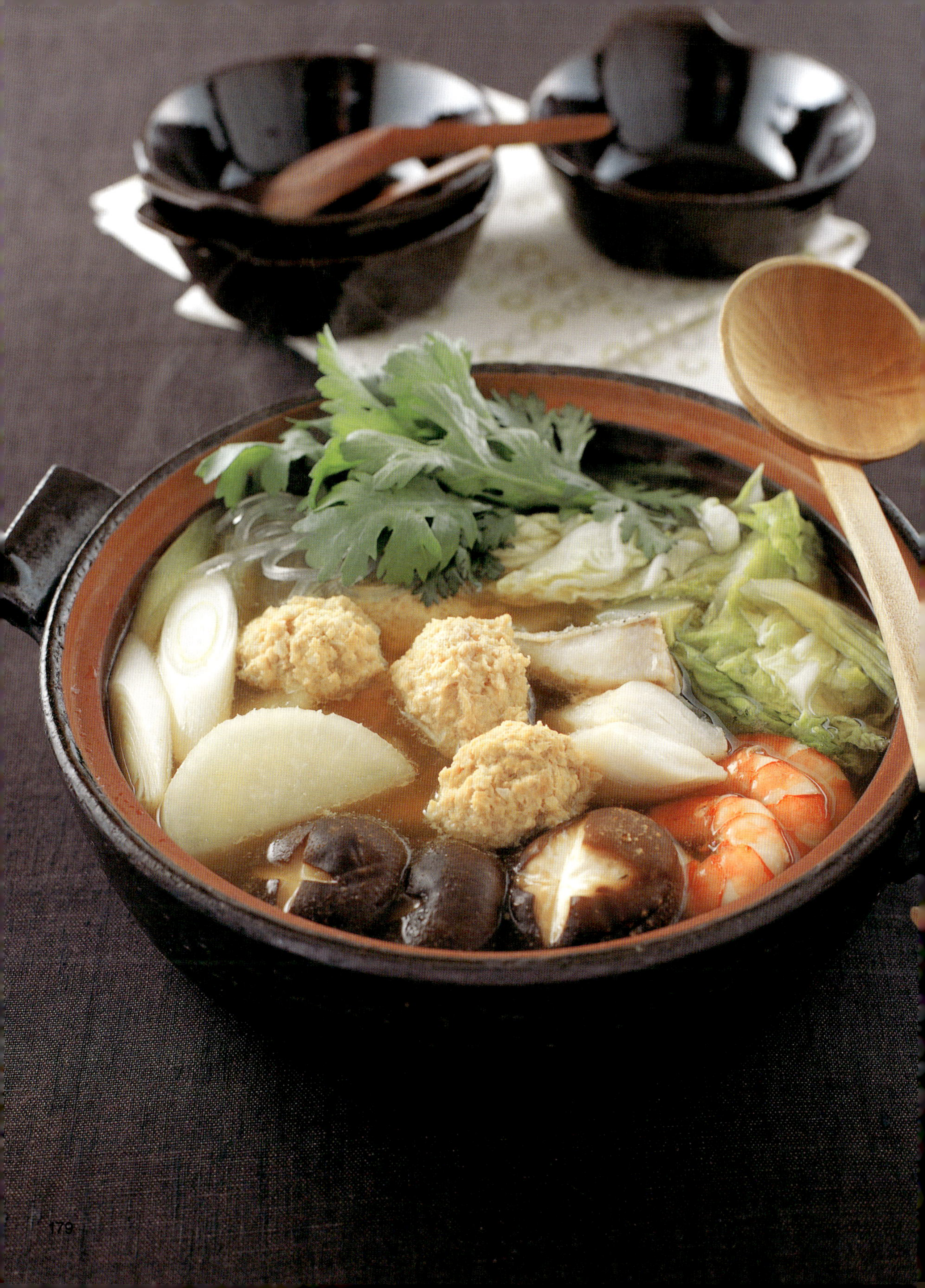

下ごしらえ

1 つくねの長ねぎは縦に細く切り目を入れる。

2 端からみじん切りにする。

3 ボウルに鶏ひき肉、長ねぎ、卵黄、片栗粉を入れて混ぜ合わせる。

片栗粉小さじ½

4 ねばりが出るまで、しっかりと混ぜる。

Point ▶▶
しっかり混ぜておくと、まとまりがよくなります。

5 白菜は包丁を斜めに入れ、そぎ切りにする。

Point ▶▶
繊維を断ち切るようにそぎ切りにすると、火が通りやすく、味もよくしみ込みます。

6 大根は皮をむく。

7 縦半分に切ってから、厚さ1cmの半月切りにする。

8 しいたけは軸を切り落とす。

9 かさの表面に十字の切り込みを入れる。

Point ▶▶
左右からV字に包丁を入れて切り込みます。

10 長ねぎは斜め薄切りにする。

Part 6 ご飯・汁物・鍋料理

🔥弱火　🔥🔥中火　🔥🔥🔥強火

11
春菊は葉先をつむ。

Point ▶▶ 軸がやわらかいものは、軸ごと使ってもOK。

12
えびは背ワタをとる。

Point ▶▶ 臭みや苦みのもとになるので取り除きます。

13
尾一節を残して殻をむく。

14
たらは一口大に切り、さっと熱湯にくぐらせ、臭みをとる。

15
鍋に湯を沸かし、くずきりを入れてゆで、やわらかくなったら取り出す。

16
同じ熱湯に大根を入れ、5分ほどゆでる。

Point ▶▶ アクを取り除くために下ゆでしておきます。

調理

17
大きめの鍋にだし汁を煮立て、Aの調味料を加える。

だし汁5カップ、しょうゆ大さじ1、酒¼カップ、みりん小さじ1、塩小さじ½

18
煮汁が煮立ったら、好みの具を入れて煮ながら食べる。つくねはスプーンですくって落とし、アクをとりながら煮る。

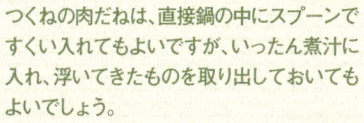

ココがポイント

つくねの肉だねは、直接鍋の中にスプーンですくい入れてもよいですが、いったん煮汁に入れ、浮いてきたものを取り出しておいてもよいでしょう。
具は何を入れてもOKですが、アクや臭みのあるものを入れるときは、下ゆでやアク抜きをするのを忘れずに。
また、火の通りやすい春菊などの野菜は、煮すぎるとおいしくないので、食べる直前に加えて、さっと火を通す程度にしましょう。

おせち料理

毎年、わが家の味で迎える新年は格別です。

● ● ● **おせち料理の盛りつけ**

おせち料理の、三段重の場合の盛りつけは、以下のようなことを意識します。壱の重は「口取り」といい、お屠蘇といっしょにいただく祝い肴を詰めます。黒豆、田作り、数の子などが一般的です。弐の重は「口代わり」といい、酢の物を詰めるのが正式。壱の重と弐の重に詰める料理の数は、5・7・9など、仏教で陽数とされる奇数種を詰めるようにします。参の重には、煮物を詰めるのが一般的です。

[壱の重]
田作り
数の子
昆布巻き
えびの鬼殻焼き
菊花かぶ

[弐の重]
黒豆の含め煮
なます
伊達巻き
栗きんとん
たたきごぼう

[参の重]
筑前煮
くわいの含め煮

おせち料理

数の子

材料（作りやすい分量）

- 塩数の子 …… 300g
- 削り節 …… 4g
- 塩 …… 適量

A
- だし汁 …… 1カップ
- 薄口しょうゆ …… 大さじ1と½
- みりん …… 大さじ1と½
- 酒 …… 大さじ1
- 塩 …… 小さじ¼

1 数の子は塩出しする。600mlの水に塩小さじ1を溶かしたものに2時間、その後750mlに塩小さじ½を溶かしたものに1時間。最後は750mlに小さじ¼を溶かしたものにひたし、少し塩気が残る程度まで塩抜きする（端を少し折って味をみる）。

2 塩出しした数の子の薄皮をむく。

3 鍋にAと削り節を入れただし用のパックを入れて煮立て、そのまま冷ます。

4 保存容器に**2**を入れ、**3**を注ぐ。冷蔵庫に1日以上おき、ゆっくり味を含ませる。

田作り

材料（作りやすい分量）

- ごまめ …… 50g
- 黒ごま …… 大さじ2

A
- しょうゆ …… 大さじ1
- みりん …… 大さじ1
- 砂糖 …… 大さじ2
- 油 …… 小さじ½

1 ごまめは耐熱皿に広げて電子レンジで2分加熱し、取り出してざるに広げ冷ます。

2 フライパンに入れて火にかけ、香ばしい香りがたつまで2分ほど炒る。一度ざるにとって、かすを落とす。冷めたときにパキッと折れるまで炒るのが理想。

3 フライパンに**A**の調味料を入れて煮立て、ふつふつと大きな泡が小さくなったらごまめを加える。

4 黒ごまを加えて全体にからめたら、油（分量外）をひいたバットなどに広げる。冷蔵庫などで冷やすとポキポキほぐれやすくなる。

昆布巻き

材料 （作りやすい分量）

日高昆布 …… 30cmのもの5本
鮭 …………… 2切れ
しょうが ……… 10g
かんぴょう …… 20g
塩 …………… 適量

A ┌ だし汁 …… 1カップ
　│ 昆布の戻し汁
　│ 　………… 1カップ
　│ 薄口しょうゆ
　│ 　………… 大さじ½
　│ みりん … 大さじ1と½
　│ 酒 ……… 大さじ1
　└ 砂糖 …… 大さじ½
だし汁 ………… 適量

1 昆布はふきんなどでかるくふき、水にひたして戻す。

2 鮭は皮と骨を除き、昆布の幅の細切りにする。

3 しょうがは細切りにする。

4 かんぴょうは塩もみして洗い、かぶるほどの水にひたしてふっくらと戻す。

5 昆布に鮭としょうがをのせてくるくると巻く。

6 水気をきったかんぴょうで2～3カ所結ぶ。

7 なるべくぴったりと入る鍋に6を並べ、Aを注いで火にかける。

8 煮立ったら中火にし、アクをとる。紙の落としぶたをして弱火にし、ふたをずらしてかけ、30分ほど煮る。途中煮汁がなくなったらだし汁をたす。冷めるのを待って食べやすく切る。

菊花かぶ

材料 （作りやすい分量）

かぶ ……………… 4個	A 酢 ……… ½カップ
赤唐辛子（小口切り）	砂糖 …… 大さじ3
…………………… 少々	塩 ……… 小さじ½
飾り用・いくら …… 少々	

1 かぶは皮をむき、両端に割り箸をあて、細かい切り込みを格子状に入れる。

2 水カップ2に塩小さじ2（分量外）を溶かし、**1**をひたしてしんなりするまで30分以上おく。

3 **2**をギュッとしぼり、赤唐辛子の小口切りと**A**の調味料を合わせたものにひたす。

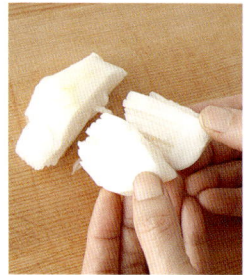

4 半日以上置いて味をなじませる。切り目の入っていないほうから十字に切り分け、いくらをあしらう。

えびの鬼殻焼き

材料 （作りやすい分量）

えび ……………… 8尾	A 薄口しょうゆ
片栗粉 ………… 大さじ1	…… 大さじ1と½
	みりん … 大さじ2
	酒 ……… 大さじ1
	しょうゆ … 大さじ½

1 えびに片栗粉をまぶして汚れをとり、水で洗ってざるに上げる。

2 頭のかたいところ、足と尾の先を切り落とし、背ワタをとる。

3 バットなどに**A**の調味料を合わせ、**2**をつけて10分おく。

4 魚焼きグリルで焼く。途中**3**のつけ汁を回しかけ、ツヤよく焼き上げる。

おせち料理

なます

材料 （作りやすい分量）

大根	400g
京にんじん	40g
塩	適量

A
酢	½カップ
砂糖	大さじ4
塩	小さじ½

1 大根は斜めの薄い輪切りにしたのち、端からせん切りにする。

2 にんじんも同様に、せん切りにする。

3 大根は2％の塩（8g）、にんじんは3％の塩（1g強）をまぶしてしんなりするまでおき、それぞれをギュッとしぼる。

4 3の大根とにんじんを混ぜ合わせ、ふたのできるビンなどに入れ、混ぜ合わせたAの調味料を注ぐ。しっかりふたをして、ときどき逆さまにして味をなじませる。

黒豆の含め煮

材料 （作りやすい分量）

黒豆（乾）	200g
中ザラ糖（または砂糖）	150g
しょうゆ	大さじ1

1 水1ℓに砂糖を加えて火にかけ、煮溶かす。

2 1を火からおろし、洗った黒豆を加え、ふっくらと戻るまで5時間以上おく。

3 2を火にかけ、煮立ったら弱火にしてアクをとり、紙の落としぶたをし、ふたをずらしてかけ、極弱火で2時間煮る。

4 最後にしょうゆを加え、ふっくらやわらかくなったら火を止め、煮汁にひたしたまま冷ます。

おせち料理

伊達巻き

材料 （18〜20cmの角型）

卵 …………… 6個	みりん ……… 大さじ2
ほたての貝柱 …… 60g	砂糖 …………… 60g

1 ほたてはフードプロセッサーかすり鉢でなめらかにする。

2 1に卵、砂糖、みりんを順に加え、フードプロセッサーかすり鉢でなめらかにする。

3 オーブンペーパーをしいた型に2を流し入れ、表面に泡があれば、竹串などでつぶしておく。

4 170℃のオーブンで15分、160℃に下げて10〜15分、じっくり焼く。

5 熱いうちに取り出し、オーブンペーパーをいったんはがし、焼き色のほうが下になるように裏返す。

6 巻きすの上に5をオーブンペーパーごとのせ、大きく湾曲させて輪ゴムなどで固定し、10分おく。

7 巻きすでギュッと巻き直して輪ゴムでとめ、冷めるまでおく。翌日までおいて味をなじませて切り分ける。

栗きんとん

材料 （作りやすい分量）

さつまいも …… 300g	くちなし ………… 1本
栗の甘露煮（市販品）	砂糖 …………… 80g
…………… 100g	甘露煮の汁 …… 100mℓ

1 くちなしは2〜3個に割り、だし用のパックに入れて、たっぷりの水にひたす。

2 さつまいもは輪切りにし、厚く皮をむき、水に2分ほどつけたらざるに上げ、水気をきる。

3 くちなしの色の出た1の鍋に2を加えて火にかける。やわらかくなるまでゆで、ざるにとる。

4 もう一度鍋に戻して火にかけ、水分を飛ばす。

5 熱いうちに裏ごす。

6 裏ごしたものをフライパンに入れ、砂糖、甘露煮の汁を加えて火にかけ、練り上げる。

7 もったりとするまで練ったら火を止め、2〜4等分に切った栗の甘露煮を加える。

筑前煮

材料（作りやすい分量）

鶏もも肉 …… 1枚	酒 …… 大さじ2
ごぼう …… ½本	A ┌ 薄口しょうゆ 大さじ2
れんこん …… 2節	├ しょうゆ 大さじ1と½
京にんじん …… ½本	├ みりん 大さじ2
干ししいたけ …… 6枚	└ 砂糖 大さじ2
絹さや …… 12枚	油 …… 少々
だし汁 …… 2と½カップ	

プロセス写真は86～87ページを参照してください。

1 干ししいたけはかぶるほどの水に入れてやわらかく戻し、軸を落として半分に切る。

2 鶏肉は一口大にそぎ切りする。

3 ごぼうは皮をこそげ取って乱切りにし、色を浅く仕上げるためにさっとゆでる。

4 にんじんはねじり梅にし、下ゆでする。

5 れんこんは花切りにし、酢少々（分量外）を加えた湯でさっと下ゆでする。

6 フライパンに油を入れて熱し、鶏肉を焼きつける。表面の色が変わったらごぼうを加えてさっと炒め、だし汁を注ぐ。煮立ったら中火にしてアクをとり、酒としいたけ、れんこんを加えて5分煮る。

7 にんじんを加えて2分ほど煮たら、Aの調味料を加え、野菜がやわらかくなるまで煮る。

8 絹さやは筋をとり、熱湯でさっとゆで、散らす。

花切り
れんこんは穴と穴の間に丸みをつけるようにして皮をむき、それから輪切りにする。

ねじり梅
にんじんを輪切りにし、梅型で抜く。花びらの中央から花びらの端まで、包丁で斜めに切り取る。

たたきごぼう

材料（作りやすい分量）

ごぼう …… 2本（300g）	A ┌ しょうが（せん切り）10g
白いりごま …… 大さじ4	├ 赤唐辛子（小口切り） …… 1本
	├ 酢 …… 大さじ4
	├ 砂糖 …… 大さじ2
	└ 薄口しょうゆ …… 小さじ2

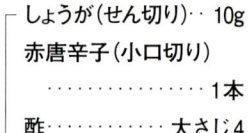

1 フライパンにごまを入れて炒りなおし、すり鉢でする。

2 バットなどにAを合わせ、2を加える。

3 ごぼうは皮をこそげ取り、鍋に入る長さに切り、かぶるほどの水と酢大さじ1（分量外）を加えてやわらかくなるまで煮る。

4 熱々をすりこ木などでたたいて繊維をやわらげ、2にひたす。半日以上おいて味をなじませ、食べやすい大きさに切る。

おせち料理